Werte 2.0

Reihe Messe-, Kongress- und Eventmanagement

Stefan Luppold (Hrsg.)

Stefan Luppold (Hrsg.)

Werte 2.0

Beiträge zu einer Werte-Orientierung
in der Veranstaltungswirtschaft

Verlag Wissenschaft & Praxis

Bibliografische Information der Deutschen Nationalbibliothek
Die Deutsche Nationalbibliothek verzeichnet diese Publikation in
der Deutschen Nationalbibliografie; detaillierte bibliografische Daten
sind im Internet über http://dnb.dnb.de abrufbar.

ISBN 978-3-89673-651-2

© Verlag Wissenschaft & Praxis
Dr. Brauner GmbH 2013
Nußbaumweg 6, D-75447 Sternenfels
Tel. +49 7045 930093 Fax +49 7045 930094
verlagwp@t-online.de www.verlagwp.de
Druck und Bindung: Esser Druck GmbH, Bretten

Vorwort des Herausgebers

Betrachten wir die Veranstaltungswirtschaft, so greifen wir stets eine besondere Perspektive heraus, nehmen eine von mehreren möglichen Sichtweisen ein.

Die jährlichen Berichte und Statistiken informieren uns insbesondere über quantitative Entwicklungen, Zuwächse, Einbrüche und Verschiebungen. Wir messen uns an Durchschnittswerten, identifizieren neue Marktpotenziale und diagnostizieren unseren Zustand entlang der Kenngrößen von Partnern und Konkurrenten.

Oder gehen wir auf die funktionale Ebene: Projekt- und Qualitätsmanagement bietet einen Handlungsrahmen für die MICE-Tätigen mit verbesserten Abläufen, optimierten Prozessen, Meilensteinkonzepten und GANTT-Charts. Es hält einen Koffer voller Werkzeuge zum operativen Einsatz bereit – vielleicht etwas mechanistische, aber doch wichtige und sehr gegenständliche Begleiter unseres tagtäglichen Tuns und Handelns.

Aus wirtschaftlicher, sozialer und vielleicht auch psychologischer Sicht schaffen wir Begegnungen und Anlässe, bringen Menschen zusammen, helfen bei der Erzeugung unvergesslicher Augenblicke, bereiten die Plattform für Wissensgenerierung und Know-how-Austausch, bauen Schaufenster für die Wirtschaft, inszenieren und emotionalisieren zielorientiert.

Dies alles geschieht, ohne dass wir explizit über Werte – eigene, die unserer Kunden oder unserer Teilnehmer – nachdenken. Vermutlich, weil wir sie implizit mit uns tragen, als stille Begleiter, im Hintergrund, aber existent. Wir machen uns Werte zu eigen, entwickeln in Kindheit und Jugend gelernte weiter und interpretieren sie, auch im Zusammenhang mit unserer Arbeit, dabei immer wieder neu.

Die Relevanz einer Auseinandersetzung mit Werten in der Veranstaltungswirtschaft zeigen Themen wie Compliance, Branchen-Codizes, Work-Life-Balance und Nachhaltigkeit.

Besonders erfreulich ist es, dass sich Autoren aus ganz unterschiedlichen Perspektiven in ihren Beiträgen mit dem Thema „Werte in der

Veranstaltungswirtschaft" auseinandersetzen. Sie geben uns Einblicke in ihr Werteverständnis, erlauben uns die Mitnutzung von Erkenntnissen und Erfahrungen, schaffen Anregungen und fordern zum kritischen Reflektieren der eigenen Position auf.

Ob die offene und direkte Kommunikation zwischen Pilot und Co-Pilot, ob der wertschätzende Umgang mit den Mitarbeitern – letztlich spiegelt sich eine ernsthafte Beschäftigung mit Werten auch in unseren Erfolgen wider.

Prof. Stefan Luppold
IMKEM (Institut für Messe-, Kongress- und Eventmanagement)

Vorwort

Geschätzte Leser,

sowohl Unternehmens-Werte als auch persönliche Wertvorstellungen sind wesentliche Einfluss- und Erfolgsfaktoren in der Gesellschaft wie auch im wirtschaftlichen Umfeld. Die moderne Werte-Welt in Unternehmen wird vor allem durch die sich rasant ändernden Märkte und neue Kundenanforderungen geprägt. Was heute kundenorientiert und erfolgreich ist, kann morgen schon überholt und nicht mehr marktgerecht sein. Faktoren wie neue Kommunikationstechnologien unseres 2.0-Zeitalters, rasantes Tempo in allen Bereichen, Umfang und Qualität von Informationsflüssen, aber auch Aspekte wie ökologische und ökonomische Nachhaltigkeit nehmen maßgeblich Einfluss auf unsere Werte. Im Mittelpunkt steht dabei nicht zuletzt der „Faktor Mensch", der die Werte durch die Brille der Glaubwürdigkeit, Kompetenz und Ehrlichkeit kritisch begutachtet. So dürfen technische Weiterentwicklungen und die Schnelllebigkeit unseres Handelns aus unternehmerischer und gesellschaftlicher Perspektive nicht zum Werteverfall führen! Vielmehr ist es wichtig, dass sich bestehende Werte analog zu unserer Lebens- und Arbeitsrealität weiterentwickeln.

Nach wie vor wird Werteorientierung insbesondere dort sichtbar, wo sich Menschen in der realen Welt treffen, wie zum Beispiel bei Veranstaltungen jeder Größenordnung, Tagungen, Seminaren, Messen, Kongressen, kleinen und großen Veranstaltungen bis hin zu Mega-Events. Veränderung und Bestand alter und Entstehung neuer Werte sowie zukunftsorientierte Visionen wirken prägend auf den geschäftlichen Alltag und so auch auf die Veranstaltungslandschaft Deutschlands.

Bei allen neuartigen Themen und Sichtweisen, die zum Nachdenken und Handeln bei der Veranstaltungsplanung der Zukunft inspirieren, kommt es auf die Verbindung von 2.0-Vorteilen mit den Stärken einer fundierten Werte-Orientierung an. Erst dieses Zusammenspiel macht unsere Veranstaltungsbranche erfolgreich.

Aus dieser Überzeugung heraus ist im Jahr 2010 die Veranstaltung „Werte 2.0" entstanden, die sich inzwischen zu einem festen Termin im Veranstaltungskalender der MICE-Branche etabliert hat. Welche traditionellen Werte nach wie vor Bestand haben, welche modernen Werte künftig Anwendung finden und wie diese Werte das Veranstaltungsmanagement der Zukunft beeinflussen, wird alljährlich auf der „Werte 2.0"-Veranstaltung beleuchtet. Inhaltlich tragen dazu von Anfang an renommierte und mutige Referenten bei, die sich intensiv mit dem Thema Werte beschäftigen und durch pointierte, provokante, optimistische Thesen und Prognosen den Wandel in der Veranstaltungsbranche erklären. So werden unter anderem die Chancen des gesellschaftlichen und demografischen Wandels für die Veranstaltungswirtschaft herausgearbeitet. Es wird thematisiert, wie man mit werteorientierten Veranstaltungen Glaubwürdigkeit beim Publikum erzielt, wie Veranstaltungsplaner die Unternehmenswerte aktiv in die Umsetzung der Veranstaltung integrieren können und wie man Werte zur sicheren Zielerreichung nutzt.

An dieser Stelle sei den Mitveranstaltern Estrel Hotel Berlin und Hotel Schloss Montabaur, den Referenten und allen Partnern von „Werte 2.0" sowie Professor Stefan Luppold als Herausgeber dieses Buches Respekt, Lob und ein wertschätzendes Dankeschön ausgesprochen. Denn alle Akteure reden nicht nur, sondern sie handeln – und das ist besonders wertvoll. So hat auch schon Hermann Hesse festgestellt:

„Nur das Denken, das wir leben, hat einen Wert"

In diesem Sinne wünsche ich Ihnen viel Freude beim Lesen sowie inspirierende Anregungen und interessanten fachlichen Input. Ich freue mich auf ein Wiedersehen oder Kennenlernen bei der nächsten „Werte 2.0"-Veranstaltung!

Herzlichst,

Ihr Markus Schmidt

Geschäftsführer intergerma

Inhalt

Vorwort des Herausgebers 5

Vorwort 7

1   Events der Zukunft –
    Thesen zum neuen Zeitalter der Eventbranche 11
    von Harry Gatterer

2   Silver Surfer meets Digital Native –
    Chancen für die Veranstaltungswirtschaft durch
    gesellschaftlichen und demografischen Wandel 35
    von Stefan Luppold

3   Klimafreundliche Veranstaltungen auf dem Weg
    zum Mainstream 43
    von Stefan Baumeister

4   Mit werteorientierten Veranstaltungen
    Glaubwürdigkeit beim Publikum erzielen............................. 53
    von Markus F. Weidner

5   Was ist los im Incentive-Land? –
    Warum Incentives ohne (Mehr-)Werte wertlos sind 75
    von Peter Cramer

6   Von Abstürzen und Missverständnissen –
    Was die MICE-Industrie von Piloten lernen kann.................... 85
    von Peter Brandl

7   „Werte leben, um die Gäste zu begeistern" –
    das Motto von Hotel Schloss Montabaur 97
    von Axel Kehl

8   Managementfehler –
    häufigste Ursache für Insolvenz und Fluktuation.................. 101
    von Walter Rotter

9   Estrel Berlin: Mitarbeiter im Gleichgewicht –
    Wettbewerbsvorteile durch Investition in die Mitarbeiter........ 105
    von Ute Jacobs und Thomas Brückner

10 Beifall ohne Zufall – Konzentration auf Event-Inhalte durch
    ganzheitliches Event-Management 111
    von Stefan Blass

11 Barrierefrei unterwegs – Reisen und Events für alle 115
    von Oliver Graue

12 Wertewandel – Chancen für Outdoor-Trainings...................... 125
    von Wolfgang Weiss

13 Berlin – eine außergewöhnliche Metropole für Kongresse,
    Tagungen und Events 129
    von Heike Mahmoud

14 Zurück in die Zukunft – Warum die Veranstaltungsindustrie
    werteorientierte Einkäufer braucht... 133
    von Bernd Fritzges

15 Eine kurze Polemik über den Wert „Spaß" 139
    von Deed Knerr

Autoren 145

1 Events der Zukunft – Thesen zum neuen Zeitalter der Eventbranche

von Harry Gatterer

Die Entstehung eines dramaturgischen Bewusstseins

In die Zukunft gedacht müssen wir Events neu verstehen, denn die gesellschaftliche Gesinnung, die eine Ära prägenden Werte und die herrschenden Rahmenbedingungen ändern sich im Lauf der Zeit dramatisch. Vor allem das allgemeine Bewusstsein, d. h. die mentale Grundlage einer Generation, macht gerade eine grundlegende Wandlung durch.

Das 19. und 20. Jahrhundert waren geprägt von einem psychologischen Bewusstsein, in dem der Mensch vor allem sich selbst als eigenständig denkendes Wesen entdeckte. Der Maßstab waren nicht mehr die großen Ideologien, sondern die Individuen. In Österreich ist Sigmund Freud der wohl berühmteste Vertreter dieser Zeitepoche, der das Individuum auf der psychologischen Landkarte verortete. Auch wenn der Zweite Weltkrieg noch einmal einen Backlash in Richtung Ideologien darstellte, begann danach unaufhaltsam der Siegeszug des Individuums. Das Ergebnis: Heute ist die Individualisierung unserer Gesellschaft ausgeprägter denn jemals zuvor. Ob Auto, Turnschuh oder Keks – alles können wir nach unseren Vorstellungen individuell zusammenstellen. Diese Entwicklung bewirkt indes ein neues Bewusstsein, denn immer mehr Menschen, auch global gesehen, haben die Möglichkeit der Wahl. Vom alltäglichen Produkt bis hin zur eigenen Biografie – alles ist selbst entworfen und gestaltet.

Eine digitale Transformation

Das Internet an sich, die sozialen Plattformen und nicht zuletzt die mobilen Geräte transformieren unsere Gesellschaft. Jedem steht fast alles zur Verfügung. Dabei ist diese Entwicklung eigentlich noch sehr jung. Unlängst scherzte ein deutscher Comedian: „Wie erzähle ich bloß meiner Tochter, dass man früher zum Telefonieren in eine Zelle ging! Und wie erzähle ich meiner Großmutter, dass man heute Klingeltöne downloadet!" Dieser Vergleich bringt es auf den Punkt: Im Mo-

ment erleben wir die Spaltung unserer Gesellschaft in die „Digital Na-
tives", d.h. jene Generation, die mit Handys und Internet aufgewach-
sen ist, und die „Digital Immigrants", die all dies erst mühsam erlernen
müssen. Dies bedeutet jedoch nicht, dass zum Beispiel die ältere Generation die digitalen Medien nicht nutzt. Das Gegenteil ist der Fall.
Eine ganze Riege an Neosenioren findet das Internet großartig, um zu
chatten, etwas nachzulesen oder zu googeln. Allein das aktuelle
Durchschnittsalter der Facebook-User ist vielsagend: Zum Zeitpunkt,
zu dem diese Zeilen entstehen, ist der Durchschnittsfreund auf Facebook 38 Jahre alt. Überhaupt sind Menschen, die soziale Medien nutzen, im Durchschnitt 36 Jahre alt. Das Internet ist demnach nicht nur
etwas für Teens, sondern für alle Generationen.

Dabei verändern die digitalen Medien jedoch nicht zwingend unsere
Grundsehnsüchte: Wir wollen immer noch mit Menschen in Kontakt
sein, plaudern, uns mitteilen und voyeuristisch über den Gartenzaun
spähen. Das Web bietet alle Möglichkeiten dazu. Doch selbst das Internet verändert sich: Zwei Milliarden Videos werden allein auf
YouTube pro Tag angesehen, 70 % davon außerhalb der USA. Ein
durchschnittlicher YouTube-User schaut sich über 100 Videos im Mo-
nat an und 52 % nutzen die „Empfehlungsfunktion". Dies ist eine ge-
waltige Lawine von Videos, die einen unglaublichen „long tail" nach
sich zieht, in dem es zwar nur wenige Videos schaffen, ganz nach vorn
zu kommen, aber Millionen von visuellen Ereignissen theoretisch zur
Verfügung stehen und von vielen Menschen gesehen werden können.

Der nächste Wandel ist aber bereits eingeläutet: der Mobilitätsboom.
Vor allem durch das Apple iPhone ausgelöst verändert dieser Boom
wiederum die Nutzung sowie unser Verständnis vom Internet: Es wird
selbstverständlich, immer und überall. Wir nutzen Apps (anstelle von
Programmen), googeln und haben Gratiszugriff auf Leistungen, die vor
einigen Jahren noch ein Vermögen gekostet haben. Selbst die Welt-
bank hat ihre Datenarchive nun für alle geöffnet und stellt Informationen über die Welt uneingeschränkt und kostenlos zur Verfügung. Der
Download von Videos ist, wie am Beispiel YouTube deutlich zu sehen
ist, selbstverständlich geworden und Unterhaltung damit immer und
überall möglich.

Die Verformung des Events: Der Vorher-Nachher-Effekt

Einher mit der Digitalisierung von Events geht eine Verformung, oder besser Ausdehnung von Events, denn Events sind zwar immer noch auf Raum und Zeit begrenzt (es gibt einen Ort, an dem ein Event stattfindet, sowie einen klar definierten Zeitpunkt), doch sie leben tatsächlich schon im Vorfeld – durch Ankündigungen, Rückschauen auf das letzte Mal, Blogs und Diskussionen. Was früher nur bei großen Events gang und gäbe war, gelingt heute bei jedem Kleinstevent: große Ankündigungen und Werbung vorab. Auf den Events selbst muss man sich dann vor dem Blitzlichtgewitter verstecken, will man nicht zum Facebook-Opfer werden. Und oftmals kann man sogar von „außen" live dabei sein, da Streams und Liveblogs bereits durchaus üblich sind. Als Besucher kommt einem das manchmal schon so vor, als wäre man nur eine lästige Requisite an einem Filmdrehort. Permanent muss man Platz machen für alle Arten von „Kameraleuten", die das Event übertragen oder für die Nachwelt festhalten, was allerdings zu einem Merkmal von Events geworden ist: alles für danach.

Damit dehnen sich Events unglaublich aus. Dies kann, bewusst gemacht, auch der Schlüssel zum Erfolg sein, wie uns die TED-Konferenzen zeigen. Nicht nur dass sich auf diesen die Vordenker dieser Welt die Klinke in die Hand geben, das gesamte Format ist darauf ausgerichtet, dass die Referenten, wie zum Beispiel Bill Gates, nur jeweils 20 Minuten Zeit haben, um ihr Anliegen zu formulieren. Diese „Medienoptimierung" ergibt eine Videolänge, die man sich auch noch im Internet oder auf einem mobilen Device ansieht, und hat dem TED-Format zu Weltruhm verholfen. Und immer mehr Veranstalter folgen diesem Prinzip. Kurz gesagt: Events aller Art sind heute Ereignisse, die so gut wie immer auch einen virtuellen Niederschlag finden. Für Veranstalter jeglicher Couleur bedeutet dies, ihr Event zweimal zu denken: einmal in der Vor-Ort-Identität und einmal in der virtuellen Identität. Im Idealfall (siehe TED) gelingt es, keinen großen Unterschied machen zu müssen. Und noch idealer ist es, wenn die Livebesucher durch die „Aufzeichnungen" nicht beeinträchtigt werden, sie also nicht die Projektionsfläche für „danach" sind, sondern das Event unbehelligt erleben können.

Abb. 1: TED-Konferenz
(Quelle: Vox)

TEDx Als Chris Anderson 2002 zum Leiter und Kurator der TED-Konferenzen (Technology, Entertainment, Design) ernannt wurde, holte er diese regelrecht aus ihrem Dornröschenschlaf. Seit 2006 kann jeder Interessierte die TED Talks der exklusiven TED-Konferenzen, auf denen sich hochkarätige Redner wie Al Gore, Bono oder Jamie Oliver die Türklinke in die Hand geben, im Internet ansehen. Chris Anderson schafft es immer wieder, die besten Redner aus den verschiedensten Branchen anzuziehen, verbindet und verbreitet deren Ideen und lässt so die Welt ein bisschen näher zusammenrücken – auf der Suche nach den besten Ideen. Und mit dem neuen TEDx-Lizenzformat hat nun auch jeder die Möglichkeit, seine eigene Konferenz abzuhalten. www.ted.com

Zukunftsthesen

Was sind die wesentlichen Merkmale des Events der Zukunft? Aus der umfangreichen Recherche, die der Trendstudie „Event der Zukunft" zugrunde liegen, haben sich sechs Thesen herauskristallisiert, von denen im Folgenden drei Thesen in Auszügen näher erläutert werden. Diese Thesen sind Indikatoren für zukünftige Veränderungen. Wer das Event der Zukunft schon morgen und nicht erst übermorgen veranstalten möchte, der sollte jede einzelne These für sein Event beherzigen und berücksichtigen. Nur wer die Veränderungen und Bedürfnisse unserer Gesellschaft versteht, und aus nichts Geringerem entspringen diese Thesen, wird die Zukunftsfitness seiner Events steigern. Der Eventbesucher der Zukunft ist beeinflusst vom gesellschaftlichen und kulturellen Wandel unserer Zeit und geprägt durch die neuen zukünftigen Werte, die unseren Alltag bestimmen. Die folgenden sechs Thesen zeigen Ihnen den Wandel und interpretieren Beispiele von Events mit Zukunftspotential.

Abbildung 2: These 1 (Quelle: Zukunftsinstitut Österreich GmbH)

These 1:
Events der Zukunft sind die Livehöhepunkte im digitalen Strom

Für viele Menschen, vor allem jene der jüngeren Generationen, ist das Internet das Kommunikationstool schlechthin. Fotos-Hochladen, Kommentieren, Bloggen, Flashmobs-Organisieren – alles ein Kinderspiel. Dabei handelt es sich jedoch nicht nur um ein Jugendphänomen. Vielmehr steht ein massiver gesellschaftlicher Wandel hinter diesen Ereignissen. In der Trendforschung sprechen wir hier vom Megatrend „Connectivity".

Connectivity ist jedoch mehr als ein reines Spiel mit Informationen. Es ist ein Vernetzungsprinzip, das zuallererst Informationen in Form von Websites miteinander verbunden hat. Doch nun vernetzen sich Menschen über das Medium Internet. Zukünftig vernetzen wir aber auch Dinge im Netz, womit sich in einigen Jahren alles im Netz wiederfinden wird. Für die Menschen bedeutet das, dass sie in Zukunft nicht mehr nur online oder offline kommunizieren, sondern permanent real und digital zugleich leben. Das Internet verbindet sich zunehmend mit reellen Gegenständen und Begebenheiten und wird dadurch im wahrsten Sinne des Worts „begreifbar".

Diese Kultur bringt zugleich mit sich, dass die Gäste in Zukunft wahre Könner und Connaisseurs im Umgang mit digitalen Tools und Medien sind. Daher gilt schon heute: Wer sich für die Zukunft rüsten will, MUSS sich mit der neuen digitalen Alltagskultur beschäftigen. Online und offline verschmelzen, was eine noch nie dagewesene Chance für Veranstalter darstellt, denn mit ihren Events liefern sie jene Inhalte, durch die Twitter und Co erst lebendig werden.

Das WWW – das, was wir gemeinhin unter „Internet" verstehen – macht mittlerweile nur mehr 25 % des gesamten Datenvolumens aus, während der Videodownload in einem wahren Höhenflug seit 2005 den Monsteranteil des Datenvolumens, unglaubliche 51 %, übernimmt! Auf dem Online-Videoriesen YouTube werden pro Minute 35 Stunden Videomaterial hochgeladen. Pro Tag sind dort rund zwei Milliarden Aufrufe zu verzeichnen. YouTube macht alleine rund 10 % des gesamten Internetdatenverkehrs aus! Die aktuelle Nielsen-Analyse des Onlinemarkts 2010 belegt diesen Trend nochmals, denn die drei beliebtesten Onlinemarken sind nicht Google, eBay oder Amazon, sondern Facebook, YouTube und Wikipedia. Alle diese drei Seiten sind Social-Media-Plattformen, die auf dem Input von Millionen von Menschen beruhen. Die Zahl der User, die sich in sozialen Netzwerken tummeln und Blogs lesen und/oder schreiben, stieg innerhalb eines Jahrs um 24 % und zum ersten Mal überhaupt besuchen weltweit nun drei Viertel aller User diese drei Websites. Auf diesen verbringen sie 66 % mehr Zeit als im Jahr zuvor: Im April 2009 waren es noch drei Stunden und 31 Minuten, ein Jahr später bereits fast sechs Stunden.

Dabei funktionieren alle Social Media nach ähnlichen Prinzipien:

Mitteilen und Kommentieren: Auf Facebook kann jeder sein Profil ins Netz stellen, von seinen Vorlieben und Aktivitäten berichten und mit Freunden in Kontakt treten. Dabei ist aber wohl der „Gefällt mir"-Button die wahre Innovation von Facebook, denn dadurch kann jeder schnell und unkompliziert seine Meinung äußern.

Selbermachen und Unterhalten: Auf YouTube tauschen User ungewöhnliche und selbst gedrehte Filme aus und nutzen das Medium damit als Unterhaltungs- und Promotionskanal zugleich. Bereits 50 % des gesamten Datenverkehrs weltweit machen Videodownload und -upload aus.

Geben und Nehmen: Auf Wikipedia tragen Menschen ihr Wissen zusammen und stellen es anderen zur Verfügung. Man gibt ein kleines Stück Wissen und Erfahrung und erhält dafür mit einem Klick das gesamte Wissen der Welt.

Sortieren und Erinnern : Auf Flickr werden Fotos gesammelt, sortiert und dargeboten. Damit werden aber auch Erinnerungen digital greifbar, und das wird immer bedeutender. 2010 gab es auf der Google-Plattform Blogger.com mehr angemeldete Blogs als Leser. Von den mehr als 1,29 Milliarden Blogs werden viele als eine Art Tagebuch geführt, als Erinnerung an sich selbst.

In Zukunft mögen sich die Anbieter und die Rangfolge bei den Social Media ändern, gleich bleibt jedoch, was die Spitzenreiter gemeinsam haben: Sie geben Menschen die Chance, sich mitzuteilen. Der Content wird somit von den Nutzern produziert, frei nach dem Motto „Wir sind Medien".

Das Internet ist ein Gespräch. Dieses führen wir mit Menschen in Malaysia und Amerika, morgens um halb vier oder in der Mittagspause. Wir „zwitschern" („twittern") in 140 Zeichen und filmen einen Videoblog auf dem Weg zur Arbeit. Wir hören zu als Followers von anderen oder bekommen selbst Feedback auf unserer Profilseite. Für die Events von morgen eröffnet dies einmalige Chancen, denn Messen, Partys und Konferenzen erzeugen/formen/schaffen die Erlebnisse, durch die Twitter, Facebook und Co. erst so richtig lebendig werden.

Das Event der Zukunft als Livehöhepunkt

Angesichts der steigenden Zahl der Onlinekontakte wird die Sehnsucht nach realen Kontakten wachsen. Wer sich auf Seiten wie Twitter oder LinkedIn kennenlernt und mag, möchte den anderen (meistens) endlich auch einmal von Angesicht zu Angesicht treffen. Dabei verstärkt sich das, was Soziologen ein „loses Netzwerk" nennen: Immer mehr Menschen kommen mit immer mehr Menschen in Kontakt. Daraus bilden sich meist keine intimen und engen Beziehungsmuster, sondern eben lose Kontakte, mögliche Kontakte und dadurch mögliche Kommunikation. Anders gesagt bedeutet das: Man kommt sich schneller näher, wenn man will, muss aber nicht.

Zugleich kommt es dadurch zu einer dramatischen Informationsverdichtung. Peter Sloterdijk spricht davon, dass „die Welt eine Verdichtung erreicht hat, in der die Tat unmittelbar zum Täter zurückkommt." Ein junger Facebook-User beschreibt dieses Phänomen anders und direkter: „Ich suche nichts. Was für mich wichtig ist, erreicht mich sowieso." Das ist grandios neu. Das ist fundamental im Verständnis für das, was das Internet in seiner sozial-vernetzten Form mit uns macht. Wir erwarten, dass wir gefunden werden, und nicht umgekehrt. Wir hinterlassen digitale Spuren und erwarten, dass Anbieter zu Spurenlesern werden, ohne dabei jedoch in unsere Intimzone einzudringen. Dafür braucht es ein neues Ethos, was aber nicht Inhalt dieser Trendstudie ist. Dafür bedarf es aber auch eines Verständnisses der Anbieter für die komplexen Wechselwirkungen des neuen Netzwerks, das allerdings nicht nur „online" existiert. Die digitale Evolution wird nicht zu einem Rivalen von Events, sondern eher das Revival der Events anstoßen. „Viele der kommunikativen Entwicklungen, die das Event angeblich allmählich ersetzen, sind in Wahrheit Verstärker für diese

18

Kommunikationsplattform", sagt Marketingmanagerin Jutta Jakobi vom Technologieriesen IBM.

Die Anfänge dieses Verstärkers, die wir bereits jetzt erleben, ergeben folgendes Szenario der Zukunft: Besucher versammeln sich bereits Monate vor einem Event online, tauschen Daten auf XING und Facebook aus und verabreden sich. Dann kommt das Live-Event: endlich reale Begegnungen, die zeitgleich digital in die Welt hinausgetragen werden. Nach dem Ereignis vertiefen die Teilnehmer die entstandenen Kontakte wieder online. Die Möglichkeiten dieser blitzschnellen, weltweiten Vernetzungen zeigte der Erfolg des ersten Global Twestival im Jahr 2009. Am 12. Februar 2009 traf sich die Twitter-Community in weltweit über 202 Städten mit dem gemeinsamen Grundgedanken, Aufmerksamkeit zu erzeugen und Geld für Länder und Betroffene, die unter Wasserknappheit leiden, zu sammeln. Über 250.000 US-Dollar konnten dadurch gesammelt werden und es konnte über 17.000 notleidenden Personen geholfen werden. Der Organisator dieses Events? Jeder und niemand. Die Kommunikation lief ausschließlich über Twitter, Vimeo, Facebook und Flickr. Siehe: *www.twestival.com*

Events der Zukunft sind die Energiezentren im digitalen Strom

Aber nicht nur vor und nach einem Event wird real digital. Auch während dem Event bieten neue Technologien sinnvolle Erweiterungen.

In den 1970er-Jahren gab es in den Discos einen Modetanz: den Bump. Im Rhythmus der Musik stießen die Tanzpartner dabei mit den Hüften gegeneinander. Der neu entwickelte Bump ist ein einfacher Weg, um zwei Besitzer von Smartphones miteinander zu verbinden. Einfach die Bu.mp-App (*http://bu.mp/*) herunterladen, die Mobilgeräte aneinanderbumpen und schon werden je nach Bedarf Kontakte, Fotos und/oder Termine ausgetauscht. Für Gäste eines Meetings oder Kongresses kann das zu einem Spaß werden – wie damals in den Discos der 1970er-Jahre.

Aber auch die Welt der Twitterer, die sogenannte „Twitter-Sphäre", dreht sich während dem Event weiter. Auf Tweets wie „Es ist zu heiß hier drin" oder „Schande über den Veranstalter – hier gibt es kein WLAN" kann sofort reagiert werden.
Siehe: *www.eventcoup.com/twitter-tools-for-event-planners*

Das Web bietet selbstverständlich noch zahlreiche andere interessante Erweiterungen für Events. Beispielsweise wird mithilfe der Webplattform Ustream (www.ustream.tv) eine Web-Liveübertragung des Events zum Kinderspiel. Interessenten, die selbst nicht am Event teilnehmen (können), wird es so nicht nur ermöglicht, das Event von überall aus zu verfolgen, sondern die Zuseher können sich im angehängten Livechat auch austauschen.

Ob über Webstream, Twitter-Stream oder Handyfotos und SMS – die Möglichkeiten, ein Event heute live mitzuerleben, sind vielfältiger geworden. Der „Live"-Begriff wird durch das Internet ausgedehnt – total real (oder) digital.

Abbildung 3: These 2 (Quelle: Zukunftsinstitut Österreich GmbH)

These 2: Events der Zukunft lassen die Gäste kreativ sein

Die kommende kreative Ökonomie lebt von Talenten, Ideen und Zu-sammenarbeit. Sie braucht Raum für Vielfalt und Kreativität, zumal Wirtschaft immer mehr zu einem kulturellen Ereignis wird. Heute ist der Umgang mit den unsichtbaren Ressourcen Wissen und Kreativität vor allem industriell geprägt: Man versucht, Wissen zu erlangen, zu speichern und zu verteilen, um letztlich davon zu profitieren. Doch das Wissen auf Abruf scheitert überall dort, wo man den Menschen vergisst.

In Zukunft macht man aus Routinen und Wissen etwas Neues und er-zeugt Unterschiede. Dazu braucht man Talente. Somit geht es um Menschen und das, was sie aus Wissen machen. Das Netzwerk wird dabei zur Metastruktur und Intuition und Vertrauen werden zu ent-scheidenden Bindegliedern. Dies verschärft die Anforderungen an Un-ternehmen, an Events und natürlich an die Menschen selbst.

Die Menschen wollen sich austauschen, sie wollen kommunizieren und kreieren. Vor allem die Bedeutung von Kreativität ist schon heute immens: Mehr als 70 % der Österreicher geben an, dass ihnen Kreati-vität in ihrem privaten Leben enorm wichtig ist (Quelle: Österreich 2025, Zukunftsinstitut/Karmasin).

Dies läutet eine neue Ära von Events ein, denn künftig sind Veranstal-ter Teil einer Creative Community, die gemeinsam für Erfolg sorgt.

Beinahe jeder hat heute eine eigene E-Mail-Adresse und/oder einen Online-Nickname. Titel und Floskeln gehören in der heutigen Kom-munikation der Vergangenheit an. Die User erleben eine digitale Gleichzeitigkeit und Gleichwertigkeit. Das beschleunigt den Abschied von der industriellen Arbeitsorganisation: Während die regulierten, hierarchischen Beschäftigungsformen an Bedeutung verlieren, nehmen flexible, mobile und projektorientierte Arbeitsformen immer mehr zu.

Die kreative Klasse, wie sie Richard Florida beschreibt, wird dabei zum Rollenmodell für die Gesellschaft: Im Kern leisten ihre Mitglieder Wissensarbeit und erfüllen komplexe Aufgaben, was nur durch ständi-ges Lernen voneinander möglich ist. Der kreative Flow wird zum alles verbindenden Element, bei dem der teamorientierte Austausch im Vordergrund steht. Das macht Events künftig zu einem neuen Spielplatz der Möglichkeiten. In Zukunft ist ein Event eine Einladung, aus dem eigenen Potenzial und dem der anderen gemeinsam zu schöpfen. Veranstalter avancieren dabei zu Chancenanbietern. Je mehr Chancen die Gäste bekommen, sich in ihrer Kreativität zu entfalten, desto attraktiver wird das Event für sie sein.

Kongresse folgen immer noch einem sehr industriellen Muster: Begrüßung – Redner – Essen – Redner – Verabschiedung – Schluss. Mit viel Glück gibt es ein Glas Wein, damit man den Abschied besser erträgt. Die Kommunikation zwischen den Teilnehmern wird auf die Pausen delegiert. Dieses Format ist bewährt und oft sinnvoll. Doch im Stil des Megatrends „New Work" wollen Teilnehmer immer häufiger wirklich Anteil nehmen. Sie wollen konsumieren, aber auch beitragen. Geprägt vom Mitmachinternet und von Mass Customization geben sich vor allem jüngere Generationen mit dem Warten bis zum Wein nicht mehr zufrieden, sondern möchten aktiv am Geschehen teilhaben und Neues erschaffen. Interaktivität, Spontaneität und Connectivity – damit werden die starren Strukturen der früheren Kongresse aufgebrochen, um eine neuartige, spannende Kongresskultur zu generieren. Damit vollzieht sich eine Transformation, die der uniformierten Kongresslandschaft der Gegenwart in die Zukunft verhilft.

Der kalifornische Open-Source-Programmierer Tim O'Reilly wollte sich nicht mehr auf den üblichen Kongressen langweilen und stundenlangen Monologen folgen und organisierte 2003 kurzerhand selbst einige Treffen, die im Sinne des Open-Source-Gedankens ablaufen sollten: Es kommt, wer Lust hat, es spricht, wer etwas zu sagen hat, und jeder kann mitmachen. Da bei den ersten Treffen vor allem Freunde von O'Reilly mitmachten und danach gemeinsam campten, bekamen diese Treffen recht schnell den Namen „Foo Camps", kurz für „Friends of O'Reilly". Später wurden die Treffen in Pubs und Bars abgehalten und das BarCamp war geboren (www.barcamp.org). In BarCamps werden Themen nicht mehr von Referenten hinter einem Pult behandelt, sondern die Teilnehmer selbst bieten ihr Wissen an, organisieren sich spontan zu Gruppen, teilen die Ergebnisse allen mit. Das entspricht dem Geist von Open Source, aus dem auch das Wissensportal Wikipedia und die Open-Source-Software Linux entstanden sind. Die Bar-Camps verändern die heutige Eventkultur. Inzwischen haben Treffen in über 250 Städten überall auf der Welt stattgefunden. Diese neue Kultur ist ein Lernfeld für alle – von der Industrie bis zu Eventmanagern. Und drehen sich BarCamps heute noch eher um technische und internetaffine Themengebiete, so formierten sich jüngst andere Camps zu verschiedensten Fachgebieten wie etwa das EduCamp zu Erziehung und Ausbildung, das PolitCamp zu politischen Themen oder das Crisis-Camp Haiti – eine Art „Benefiz-BarCamp" anlässlich des Erdbebens auf Haiti. Das erste EventCamp (*www.EventCamp.org*) fand schließlich 2010 statt. Im New Yorker Roger Smith Hotel trafen sich zahlreiche Profis, um sich mithilfe der BarCamp-Kultur über die Zukunft von Events auszutauschen.

Abbildung 4: These 3 (Quelle: Zukunftsinstitut Österreich GmbH)

These 3: Events der Zukunft erzählen Geschichten

Mehr als je zuvor suchen die Menschen nach dem Sinn im Leben. Hierzulande trifft dies auf 72 % der Österreicher zu (Quelle: Österreich 2025, Zukunftsinstitut/Karmasin). Diese Entwicklung ist dabei vor allem auf die fortschreitende Individualisierung unserer Gesellschaft zurückzuführen, denn während äußere Normen verschwinden, nimmt die Anzahl der Möglichkeiten, das eigene Leben zu gestalten, stetig zu.

Nun ist Sinnsuche jedoch nicht immer gleich etwas zutiefst Philosophisches, sondern widmet sich insbesondere Alltagsfragen und mündet in der wiederentdeckten Sehnsucht nach Gemeinschaft. Deshalb kann man in Zukunft anstatt einer isolierten eine inkludierte Individualisierung erwarten. Das bedeutet, dass sich die Menschen künftig als vernetzte, mit anderen verbundene Individuen betrachten. Diese Verbindung mit anderen findet aber nicht nur digital statt, wie in These Nr. 1 beschrieben, sondern die Menschen werden sich vermehrt über verbindende Geschichten und Erlebnisse definieren, denn in Geschichten spiegelt sich das eigene Leben wider und sie dienen als Projektionsfläche und emotionaler roter Faden. Gekonntes Storytelling gehört dementsprechend zu den Events der Zukunft.

Eines der ersten „Events" in der Geschichte der Menschheit war wohl das Lagerfeuer. Nach getaner Arbeit versammelten sich alle im Kreis um die Feuerstelle – von der flammenden Hitze in ihrer Mitte gewärmt, ein wenig besser vor Tieren geschützt, dem knisternden Holz lauschend und den Geschichten, die jemand erzählte. Diese Erzählungen erlaubten es den Menschen, die Welt besser zu verstehen. Oft war einer unter ihnen besonders gut darin, die Phänomene des Lebens zu deuten: ein Medizinmann oder ein Heiler. In manchen Kulturen wurde er Schamane genannt, was vom Wortursprung her gesehen „der mit Feuer umgeht" heißt. Archäologische Ausgrabungen weisen darauf hin, dass es bereits vor mindestens 30.000 Jahren Schamanen gab. Neben ihrer medizinischen Tätigkeit erzählten sie Geschichten von der diesseitigen und jenseitigen Welt, von beseelten und unbeseelten Dingen.

In Mitteleuropa setzten später Hexen, Minnesänger, Troubadoure und Hofnarren diese Tradition fort, jeweils mit ihren eigenen Mitteln wie Musik und Komik, aber immer mit dem Ziel, ihren mühsam erworbenen Erfahrungsschatz weiterzugeben, Mythen zu kreieren, Wissen zu vermitteln und eine Verbindung zwischen gestern und morgen herzustellen.

Jedes Erlebnis, d. h. jede Geschichte, ist eine Reizwirkung, die im menschlichen Gehirn physiologische Spuren in Form von andauernden strukturellen Änderungen hinterlässt. Die Gesamtheit dieser Spuren, auch „Engramme" genannt, von denen Milliarden im Gehirn vorhanden sind, ergeben unser Gedächtnis. Somit sind wir die Summe unseres Erlebten. Das war schon immer so, doch unser Bewusstsein hat sich signifikant weiterentwickelt. Wie der Autor Jeremy Rifkin feststellt, waren unsere Vorfahren in mündlichen Kulturen einst von einem mythischen Bewusstsein geprägt. Später fand mit der Schrift das theologische und mit dem Buchdruck schließlich das ideologische Bewusstsein Eingang in unsere Köpfe. Mit der Erfindung der Elektronik wandelte sich unser Bewusstsein erneut – hin zu einer psychologischen Geisteshaltung – und weltweite Megatrends wie die Globalisierung und Individualisierung sorgen heute für einen weiteren Wandel unserer Psyche. Unsere Welt, die immer vielfältiger und komplexer wird, lässt uns zu unseren Wurzeln zurückkehren. Unter Berücksichtigung der vorherigen Entwicklungen sehnen sich unsere „Superhirne" wieder nach mehr Ordnung, nach mehr Dramaturgie, nach mehr Sinn in unserem Leben. Der Wertewandel von der hedonistischen Kultur der 1970er- und 1980er-Jahre über die LOHAS- Kultur der 1990er bis hin zur heutigen Globalkultur dokumentiert dies eindringlich.

Werte sind die „Software" unseres Handels, die oft unbewusst angenommenen Treiber für unsere Weltanschauung, Einstellung und Haltung. Und in diesem Wertewandel spielen Geschichten eine geradezu essenzielle Rolle: Sie wirken als Replikatoren kultureller oder verhaltensorientierter Informationen, als „Meme", wie Richard Dawkins sie nennt. In diesen Memen sind die Grundmuster einer Gesellschaft, die sich wiederholen und übertragen, gespeichert. Geschichten, vor allem die guten Geschichten, besitzen dabei die Macht, Meme zu transportieren und sie sozusagen in Schwingung zu versetzen. Damit kann gutes Storytelling bei den Events der Zukunft dafür sorgen, dass jeder wieder das Gefühl von Gemeinschaft und Zusammenhang bekommt.

BookCrossing

BookCrossing ist eine weltweite Bewegung, die es sich zur Aufgabe gemacht hat, Bücher zu „befreien". Gebrauchte Bücher werden dazu mit einem Etikett versehen und in der Öffentlichkeit ausgelegt oder bewusst liegen gelassen, damit sie andere lesen können. Auch in Wien finden sich vereinzelte „Stationen", an denen Bücher – von Romanen bis zum Wissenschaftsklassiker – „to go" zu finden sind. (*www.bookcrossing.com*)

Abb. 5: Bücher-Baum (Quelle: A. Duret-Lutz)

In Hamburg hat eine Gruppe junger Menschen aus dieser langfristigen Idee ein kurzes Event gemacht. In einer Nachtaktion setzten die Liebhaber des gedruckten Worts Bücher in Hauseingängen, an Brunnen und vor Cafés aus, damit sie am Morgen gefunden werden. (*http://buchguerilla.jimdo.com/buchguerilla*)

Dabei sollten wir eines jedoch nicht vergessen: Geschichten hören wir viele, doch versuchen Sie, sich einmal zu erinnern. Was war die letzte wirklich gute und einprägsame Geschichte, die sie gelesen, gehört oder als Film gesehen haben? Und wann haben Sie das letzte Mal ein Event besucht, das eine starke Geschichte erzählen konnte, das Meme hinterlassen hat?

„Eine großartige Idee sollte einzigartig und bekannt sein und sie sollte einen Konflikt versprechen", meint der Drehbuchautor Karl Iglesias in seinem herausragenden Dramaturgiebuch „Writing for emotional impact". Eine Idee, die bekannt und zugleich einzigartig ist? Das scheint ein Widerspruch in sich zu sein, doch eben darin verbirgt sich die Kraft einer Geschichte, denn im Prinzip möchten wir immer wieder die Geschichten hören, die wir bereits kennen und lieben – von Hänsel und Gretel im Wald, von Romeo und Julia unter dem Balkon, von den Musketieren, den sieben Zwergen und dem bösen Wolf. In unseren Köpfen werden wir zu kleinen Kindern vor dem Schlafengehen, die zum hundertsten Mal dieselbe schöne Geschichte erzählt bekommen möchten. Und wehe, sie geht anders aus als erwartet.

Geschichten geben Sicherheit. Sie ebnen einen Weg in einer unüber-
sichtlichen Welt. Gleichzeitig sollen Geschichten aber auch immer
etwas Neues bieten. Davon lebt der jüngste Tratsch im Treppenhaus
genauso wie eine ganze Medienindustrie von Hollywood bis zu den
Zeitungshäusern der Londoner Fleet Street. Und deshalb soll die
Grundidee für eine Geschichte beides sein: einzigartig und bekannt.

Wie wäre es mit dieser Geschichte? „Ein Mann mit eingeschränkten
geistigen Fähigkeiten bewirkt die größten Erfindungen der USA." Das
ist die Story von Forrest Gump. Angefangen beim Smiley bis zum hüft-
schwingenden Elvis – Forrest Gump hatte überall seine Finger und Fü-
ße im Spiel. Einzigartig ist der Held, bekannt sind seine Erfindungen
und Investitionen („Ich habe in Gemüsehandel investiert", d. h. Apple),
konfliktreich ist sein Weg vom ausgelachten Schüler bis zum helden-
haften Vietnamveteranen, der vom US-Präsidenten im Weißen Haus
geehrt wird. 1995 wurde der Film mit sechs Oscars und drei Golden
Globes ausgezeichnet und bis heute gehört „Forrest Gump" zu den erfolgreichsten Filmen aller Zeiten.

Der sich weiter verstärkende Trend des Storytelling sorgt aber nicht nur
für Zulauf bei Festivals, sondern er erfasst jedes Event. Künftig haben
potenzielle Gäste immer stärker das Bedürfnis nach einer erlebten Geschichte. Deshalb muss das Event selbst eine werden. Dass auch die
Kulisse oder eben der Ort des Events maßgeblich zur Erzählung bei-
trägt, stellt Eventlocations in Zukunft vor eine neue Herausforderung.
Ein hohes Maß an Wandelbarkeit und Gestaltungsraum ist Vorausset-
zung für eine gekonnte Inszenierung.

Ein Wegweiser zum Geschichtenerzählen

Es klingt wie ein Märchen: Ein gebürtiger Wiener geht hinaus in die
weite Welt und lehrt die Museumswelt das Staunen. Das hat Max Hollein geschafft. Der 41-Jährige leitet – nach seiner Arbeit in New York
im dortigen Solomon R. Guggenheim Museum – in der deutschen
Bankenhauptstadt Frankfurt am Main gleich drei Museen und machte
alle drei in kürzester Zeit zu Publikumsrennern. Als Direktor der
Schirn Kunsthalle Frankfurt positionierte er das Haus mit Ausstellungen
wie „Traumfabrik Kommunismus" vollkommen neu, leitete im Lie-
bieghaus einen umfangreichen Umbau ein, der zu einer Wiederentde-

ckung der dortigen Skulpturensammlung führte, und machte das ehrwürdige Städel Museum zu einem Treffpunkt des aufgeklärten Lifestyle – mit Ausstellungen über alte Meister. Das schaffte er, indem er das Museum neu erzählt. Normalerweise bietet eine Ausstellung eine Audiotour für die Besucher an. Hollein führte im Städel Museum sieben verschiedene Touren ein. In einer davon führt der Direktor durch die Highlights, in einer anderen ein Kind, einmal steht die Technikgeschichte im Vordergrund, dann die Kulturgeschichte. Als Sprecher heuerte er bekannte Schauspieler wie Gudrun Landgrebe an, den Moderator und Autor Roger Willemsen und den deutschen Harry-Potter-Sprecher Rufus Beck. Hollein hat verstanden, dass das Publikum in Zukunft eine neue Erzählform braucht: „Dieses Publikum hat nicht mehr den gleichen Bildungskanon, es ist kein klassisches Bildungsbürgertum mehr, sondern kommt mit unterschiedlichem Wissensstand und unterschiedlichen Erwartungen ins Museum. Es kommen sowohl der Gelehrte als auch die Familie auf Sonntagsausflug."

Als eine bauliche Erweiterung des Städel Museum anstand, machte er diese zum Event, indem er Gummistiefel verkaufte, die gleichzeitig Spenden waren. Die Stiefel wurden zum Verkaufshit. Zudem sorgte der studierte Betriebswirt und Kunstgeschichtler für einen ungewohnt frischen Auftritt der Website des Städel Museum. „Die neue Website ist ein eigenes Erleben der Sammlung und nicht nur ein Informationstool", sagt Hollein im eigens für YouTube produzierten Video. Hollein ist Museumsdirektor. Vor allem aber ist er ein Geschichtenerzähler.

Das Change-Event: Was die Zukunft bringt

Events müssen in Zukunft mehr können, als nur unterhalten oder Produkte verkaufen. Immer höher wird der Anspruch, durch Events auf die Entwicklungen um uns herum zu reagieren. Aktuelle und ehrliche Themen aufzugreifen, ist das eine. Das andere ist, das Glück der Menschen zu steigern. Genauso wird es unerlässlich sein, Visionen zu transportieren und Zukunftsperspektiven aufzuzeigen. Dabei sind die Menschen mittlerweile event-verwöhnt, hinterfragen und beklagen sich. Das dramaturgische Bewusstsein unserer Generation ist ausgeprägter und verbreiteter denn je. Daher sehnen sich die Menschen nach echt gemeinten Veranstaltungen mit dem Versprechen eines guten Augenblicks und möglicherweise einer besseren Zukunft – das alles auch gerne unter Einbindung der Kreativität der Teilnehmer und Gäste und als herausragende und berührende Geschichte vorgetragen.

Der Vorteil dabei: Events schaffen Momentum. Sie nutzen die Kraft von Ort und Zeit. Aber sie müssen auch das digitale Momentum erkennen. Die Zukunft liegt im hybriden Event: real und digital zugleich. Damit muss die Eventindustrie den Ursprungscode für sich neu sortieren. Es geht darum, sich zu überlegen, was eigentlich der Auslöser, der echte Kern ist. Auch bei scheinbar so unkontrollierten Events wie Flashmobs gibt es diesen Kern – in diesem Fall ist es Togetherness, das Zusammensein, das das Wir entdeckende Ich.

Doch was sind die Auslöser der Zukunft? In den vorangegangenen Thesen wollten wir dies ergründen und haben uns darauf verständigt, eine von Software getriebene Trendstudie zu generieren und damit den Fragen nachzugehen: Welche Themen berühren die Eventbranche in der Zukunft am stärksten? Worauf müssen Sie sich einstellen? Was wir dabei leiser ansprachen ist die Hardware, zum Beispiel die Kosten. Aber auch hier wird es Veränderungen geben. Kosten werden stärker als in der Vergangenheit hinterfragt werden. Ein Beispiel: Dank der sozialen Medien werden sich die Einladungskosten bald auf null belaufen.

Ein Grundsatz unserer gesellschaftlichen Entwicklung lässt sich dabei auch auf die Eventbranche umlegen: In den kommenden Jahren müssen Anbieter bessere, smartere, einfachere und günstigere Lösungen anbieten. Oder kurz gesagt: weniger Aufwand, bessere Ergebnisse. Wie das gehen soll? Nur durch die Konzentration menschlicher Kreativität kann dieser Wandel gelingen. Nur dort, wo man die Talente und die Fähigkeiten der Menschen auf den Punkt bringt, wird sich herausragender Erfolg einstellen. Als Anbieter braucht man die besten Leute im Team oder im Netzwerk, um aus weniger mehr zu machen. Kreativität ist somit auch bei der Hardware gefragt.

Die Themen der Branche werden dabei nicht einfacher, sondern komplexer. Jeder, der Menschen zu einem bestimmten Zeitpunkt an einem bestimmten Ort zusammenführt, trägt eine enorme Verantwortung – schon alleine im Hinblick auf die Zeit der anderen. Wer ein Event besucht, bezahlt zumindest mit seiner Zeit, meist aber auch mit Geld. Die Sensibilität für den Wert der eigenen Zeit kennen Konsumenten immer mehr, da sie es aufwiegen mit dem, was sie „stattdessen" hätten tun können. Die graue Masse an Menschen, die man versucht, mit Events zu beeinflussen, wird immer bunter und sensibler. Die eine große richtige Antwort gibt es daher kaum noch, dafür aber die vielen kleinen richtigen Antworten, von denen jede ein Welterfolg werden kann. Denken Sie nur an den Cirque du Soleil. Eine kleine Frage stellte man sich damals: Gibt es mehr? Mehr, das man den Menschen bieten kann, als nur Theater oder Zirkus. Was daraus entstanden ist, wissen wir alle: ein gigantischer wirtschaftlicher und kultureller Welterfolg. Deshalb geht es nicht mehr so sehr darum, die große Frage zu stellen: Was ist das Event der Zukunft? Vielmehr geht es darum, in Zukunft die vielen kleinen Fragen richtig zu stellen. Die vielen offenen Lücken zu schließen, die eine so individuell-vernetzte und globale Gesellschaft bereitstellt.

Events sind großteils professionalisierte Abläufe. Eventagenturen sind Meister der Logistik und häufig gekonnte Inszenierer. Doch für die Zukunft gilt es, sich in den vielen entstehenden Trendlücken zurechtzufinden. Der Auszug unserer Trendstudie, den Sie gerade in den Händen halten, soll einen ersten Eindruck vermitteln und dafür werben, dass jeder Wandel einer Branche einen Paradigmenwandel im Denken voraussetzt. Sie soll daran erinnern, dass sich Branchen im Innersten gerne gut zureden – was emotional nur verständlich ist: „Warum immer wir? Sollen sich doch die anderen ändern."

Aber genau dies ist die Chance für Innovation: Branchen, in denen die Player ähnliche Dinge tun und ähnliche Denkweisen verfolgen. Wenn es so ist, stehen meist schon Innovatoren vor der Tür, mit denen niemand gerechnet hat – so wie es der Musikbranche mit Apple gegangen ist, so wie es der Kaffeemaschinenindustrie mit Nespresso gegangen ist oder so wie es der Eventindustrie im Moment mit den Selbermach-Events geht. Die Herausforderung liegt darin, diese neuen Entwicklungen früh zu erkennen, die schwachen Signale wahrzunehmen und diese zu reflektieren.

Schon heute ist es in der Regel besser, ein bisschen zu früh als zu spät dran zu sein. Und wer als Agentur in der Eventbranche heute früh dran sein will, sollte sich aus der Spaß-und-Verkauf-Event-Fraktion endgültig verabschieden und in das Change-Event-Segment wechseln. Wer heute

Innovationen generieren möchte, sollte ein tiefes Verständnis für Wandel – Change – mitbringen und diesen als Quelle für Neuheiten identifizieren. Dies bedeutet natürlich nicht die völlige Abkehr von Spaß, Freude oder gekonnter Unterhaltung. Mitnichten. Doch die Menschen werden an anderen Dingen ihren Spaß und ihre Freude finden. Dies sollte hier herausgearbeitet werden.

Die Events der Zukunft

- sind hybride Formen in einer real-digitalen Welt,
- machen aufmerksam auf Veränderung, verändern selbst,
- entwickeln Spaß durch gekonntes Storytelling,
- sind grün und korrekt auf herausragend spezielle Art und Weise,
- machen aus Besuchern Akteure, liefern große Versprechen und bieten mehr,
- finden und gehen neue Wege durch Synergien und
- sind als pulsierende Kommunikation unerlässlich.

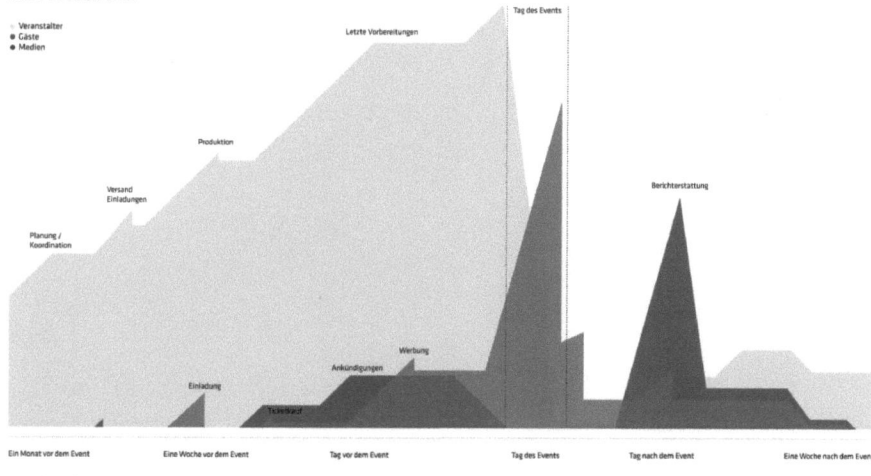

Abbildung 6: Eventkurve

33

Wenn Sie nun Interesse haben, die komplette Studie „Event der Zukunft" mit allen sechs Thesen, weiteren spannenden Beispielen, Future Facts für das Jahr 2020, sowie einer Checkliste für Ihr Event zu lesen, schreiben Sie uns einfach eine E-Mail an:
info@zukunftsinstitut.de
gerne schicken wir Ihnen die Trendstudie im PDF-Format kostenlos zu. Weitere Informationen zu unserer Arbeit finden Sie unter www.zukunftsinstitut.de.

2 Silver Surfer meets Digital Native – Chancen für die Veranstaltungswirtschaft durch gesellschaftlichen und demografischen Wandel

von Stefan Luppold

Die quantitativen und qualitativen Bestimmungsfaktoren in unserer Gesellschaft determinieren insbesondere Nachfrage-, aber auch Angebotsstrukturen in der Veranstaltungswirtschaft. Damit sind Eigenschaften der Menschen gemeint, die hier leben, und aus denen sich Bedürfnisse ableiten lassen. Welche Formen und Inhalte von Veranstaltungen nachgefragt werden, hängt also einerseits davon ab, wie die Konsumenten strukturiert sind. Andererseits beeinflusst dies das Angebotsportfolio, das sich verständlicherweise an den potenziellen Käufern und deren Wünschen orientiert.

Zwei besonders bedeutende Einflussperspektiven, die sich bei einer demografischen Betrachtung zeigen, sind dabei die Veränderung der Bevölkerung durch den Prozess der Alterung und die strukturelle Veränderung durch Migration. Die Deutschen vergreisen; aus dem einst Pyramide genannten Gebilde ist längst ein Bevölkerungsbaum geworden. Und Deutschland ist ein Einwanderungsland; die Zahl der hier lebenden Personen, die nicht in Deutschland geboren wurden bzw. nicht die deutsche Nationalität besitzen ist, liegt bereits jenseits der 12 Millionen!

In einem Beitrag von Reiner Klingholz, der für das Geo-Magazin schreibt, wird plakativ über eine „vergreisende Gesellschaft" berichtet – mit einer Zunahme an Pflegebedürftigen, einer Senkung der Kreditwürdigkeit durch Bevölkerungsschwund sowie Wanderungsbewegungen innerhalb Deutschlands, Europas und den Ländern in direkter oder indirekter Nachbarschaft der EU. Gleichzeitig wird darauf hingewiesen, welches Potenzial in den sogenannten Alten steckt: fast 60 % aller Betriebe beschäftigen keine Mitarbeiter über 50 – und im Jahr 2015 wird bereits jede dritte Erwerbsperson über 50 sein!

Einen ebenfalls interessanten Einblick liefert das Statistische Bundesamt mit der sogenannten koordinierten Bevölkerungsvorausberechnung: hier wird unter anderem darauf hingewiesen, dass im Jahr 2008

100 Personen im Erwerbsalter (von 20 bis unter 65 Jahre) 34 Personen, die 65 Jahre oder älter waren, gegenüberstanden – im Jahr 2060 wird sich die Zahl der „Alten" nahezu verdoppelt haben! Dämpfend wirken hier die Wanderungsbewegungen, also der Zuzug von jüngeren Menschen.

Eine ganz konkrete Ansicht der regionalen oder sogar lokalen Situation von morgen bietet die Bertelsmann-Stiftung unter *www.wegweiser-kommune.de* an; dort werden für deutsche Städte und Gemeinden Daten aufbereitet und Prognosen erstellt, rund um die Schwerpunkte „Wohnen", „Wirtschaftsstruktur/Arbeitsmarkt", „Soziale Lage" und „Integration". Für Montabaur, Ort der „Werte 2.0"-Veranstaltung in 2012, ist dort ein Rückgang der Bevölkerung bis 2030 in Höhe von 1,7 % ausgewiesen, nach einer siebenjährigen Periode ohne Veränderungen.

Dass wir Bedenkenträger statt Chancen-Entwickler sind, beschäftigt Walter Krämer, der darüber nachdenkt, ob wir eine Nation von Panikmachern sind. Er zitiert die hannoversche Allgemeine Zeitung, in der von folgendem Zwischenfall berichtet wird: Zwei Reiher aus Porzellan haben in einer Frankfurter Kleingartenanlage einen Vogelgrippe-Fehlalarm ausgelöst. Besorgte Bürger hatten der Polizei von einem Vogel berichtet, der regungslos und völlig steif stehe. Die Polizei schließlich verständigte das Ordnungsamt – Verdacht auf Vogelgrippe!

Viel zu oft bleiben unsere analytischen Überlegungen den Problemen und Bedenken vorbehalten. Wir fragen uns, wer zukünftig die Kongress- und Kulturzentren füllen, die Messen und Ausstellungen besuchen soll. Es zeigen sich Ängste, ausgelöst durch diese Veränderungen und die damit erwarteten wirtschaftlichen Gefahren. Unsicherheit hinsichtlich dessen, was uns erwartet, bleibt als negative Annahme ohne Chancen-Diskussion im Raum stehen.

Matthias Horx analysiert das in seinem Buch „Anleitung zum Zukunftsoptimismus" und zeigt – sinnvollerweise im Kapitel „Das Märchen von der demografischen Katastrophe" – auf, dass Ältere mehr in Wellness und Healthness investieren, höhere Umwelt- und Freizeitqualität fordern, zu Qualitätsprodukten neigen und massiv High-Touch-Dienstleistungen nachfragen – und zwar je älter sie werden, umso mehr. Und umso teurer!

Oder, um den großen Wurf zu wagen: Michio Kaku blickt 100 Jahre nach vorne und sieht eine Zeit der Weltbürger heraufziehen. Das kann nur begleitet sein von Älteren, Zeitzeugen, die ihr Erfahrungswissen einbringen. Begleitet von technischen Hilfen, die uns bei Immobilität unterstützen – das E-Bike ist da erst der Vorläufer von durch Gedanken gesteuerten Avataren. Und das kann auch ein altes Gehirn, vielleicht sogar ganz besonders ein altes!

Immer mehr ältere Menschen stehen immer weniger jüngeren gegenüber. Wir nehmen das heute bereits wahr, unter anderem an Hand des veränderten Mobilitätsverhaltens:

Senioren, die gestern noch maximal einen kleinen Spaziergang unternahmen, überholen uns heute, mit durchaus hoher Geschwindigkeit, auf ihren E-Bikes. Doch auch der PKW wird noch genutzt – jetzt allerdings deutlich moderater, was sich spätestens beim Einparken zeigt. Mobilität zeigt sich auch durch die verstärkte Nutzung von Fahrrad-Parkplätzen vor Supermärkten durch Rollatoren (die dort auf ihre Besitzer warten müssen, weil die Gänge zwischen den Regalen oder im Kassenbereich eine Verwendung nicht erlauben).

Gleichzeitig erkennen wir den Verlust an Erfahrungswissen und Know-how, der durch den Wechsel in den Ruhestand verursacht wird. Unternehmen entwickeln immer filigranere Strategien, um sich vor dem Wissensverlust zu schützen und einen nahtlosen Übergang zu gewährleisten. Als „Tandem" sind der fast schon Pensionierte und sein designierter Nachfolger in einer Parallelbesetzung unterwegs und arbeiten, für eine bestimmte Zeit, überlappend. „Shadowing" ist ein vergleichbarer Ansatz, bei dem der Neue im Schatten des Vorgängers mitläuft und so möglichst viel des über Jahrzehnte angesammelten Wissens übernimmt.

Was hieraus erscheint uns als relevant in einem „Szenario der näheren Zukunft"? Die MICE-Branche diskutiert über breitere Gänge, damit die Besucher von Veranstaltungen mit ihren Gehhilfen besser durchkommen. Die Beschriftung von Wegeleit-Systemen soll größer werden, um so den älteren Gästen das Erkennen leichter zu machen. Die Zahl an Defibrilatoren im öffenlichen Raum wächst, da auch die Wahrscheinlichkeit eines Einsatzes zunimmt. Konzerte selbst im Rock-Pop-Bereich werden, mindestens in Teilen, bestuhlt – die Fans aus dem Ü70-Lager sind noch da, müssen aber sitzen können. Und in den Stadien und Arenen? Mit dem Treppenlift in die Fankurve?

Ein Perspektivenwechsel hilft: Auch wenn die demografische Veränderung insbesondere in Form von potenziellen Belastungen und anstehenden Herausforderungen gesehen werden, sollten wir uns, zumindest zusätzlich, die möglichen Chancen vor Augen führen! Mit der größer werdenden Gruppe an älteren Menschen verbunden ist auch deren verfügbares Einkommen. Sie stellen ein Cluster an Konsumenten dar, das – ob der noch vorhandenen Aktivität und Energie – nicht nur konsumieren will, sondern es auch kann! Diese Menschen verfügen über Zeit – aber auch über Interesse bzw. Interessen! Sie tragen Erfahrungen und Kompetenzen in sich, die eine geistig anspruchsvolle Beschäftigung fordern, gleichzeitig eine Möglichkeit bieten, dies anderen zugänglich zu machen.

In einer Workshop-Runde anlässlich der „Werte 2.0"-Veranstaltung 2012 in Montabaur beschäftigen sich insgesamt sechs Teams mit der Aufgabenstellung, welche Chancen wir aus dem demografischen Wandel ableiten können. In den moderierten Arbeitsgruppen entstanden, völlig unterschiedliche, Ideen und konzeptionelle Anregungen, die als Impulsgeber für ein neues Denken der MICE-Branche im Zusammenhang mit der älteren Generation gesehen werden kann. Dabei wurde deutlich, dass es vielfältige neue Produkte – ob Messen, Kongresse oder Events – geben kann, die sich erfolgreich dieser Kundengruppe widmen. Einige ausgewählte Beispiele sind nachstehend aufgeführt:

Gefordert wurde das Einnehmen der Fremdsicht, also ein Perspektivenwechsel. Es gibt nicht „die Alten", das ist zu sehr Ballast aus dem eigenen Blickwinkel. Selbstverständlich muss einem Messebesucher dieser Generation aber Rechnung getragen werden – beispielsweise durch Catering, das Unverträglichkeiten und Allergien berücksichtigt, also Aspekte eines Gesundheits-Managements einfließen lässt. Insgesamt muss Barrierefreiheit herrschen.

Silver Surfer können durchaus technologieaffin sein – warum also nicht die iPad-Halterung für den Rollator, eine Tabletten-App oder aber einen virtuellen Zugang zu Messen zur Überwindung von Immobilität! Dort, wo Mobilität nach wie vor gegeben ist, versprechen Rei-

*semessen mit einem dem Alter adäquaten Angebot Erfolg: die Kreuz-
fahrt mit umfangreicher ärztlichen Betreuung steht für „angepasste
Leistungen".*

*Lebenslanges Lernen gilt auch für die ältere Generation; deshalb dürf-
ten Seminare und Tagungen auch hier nachgefragt werden. Themen-
schwerpunkte ergeben sich aus der spezifischen Lebenssituation, können aber auch Weiterbildungs-Charakter haben. An diesem Punkt setzt
auch die Frage an, wie hoch der Bedarf an Wissen über neue Medien
ist, welche Wünsche es zu „Fitness ab 75 Jahren" gibt oder ob ziel-
gruppenspezifische Events dabei helfen können, das Single-Dasein zu
beenden?!*

*Die „jungen Alten" sind in Teilen auch an Single-Reisen, Sportveran-
staltungen – mit oder ohne eigene Beteiligung, an Fashion und an
Tanz interessiert. Neue Kongressthemen werden sich mit den Wohn-
formen im Alter beschäftigen, der Mobilität oder dem Know-how-
Transfer – Cross-Mentoring über die Altersgrenzen hinweg! Dies ist
auch ein Ansatz für Mitarbeiter-Events – die Senioren erscheinen nicht
nur zu Kaffee und Kuchen, sondern nehmen eine aktive Rolle als
ehemalige Leistungsträger ein.*

*Inhalte von Veranstaltungen können sich vermehrt der Erinnerungen
annehmen, dem Muster von Internet-Diensten folgend, bei denen sich
ehemalige Klassenkameraden finden lassen. Weshalb auch nicht in
Kombination mit Enkeln – als Event für zwei Generationen, die nicht
direkt miteinander verbunden sind? Alte Themen werden wieder mo-
dern, da passen „Naturheilkunde" und „Lebensberatung", also zurück
zu den Wurzeln. Gerade junge Menschen könnten durch die Erzählungen der Großeltern-Generation motiviert werden, also „never too
late to be great"! Das „Lexikon der verschwundenen Dinge" war gerade deshalb ein Erfolg, weil es uns zurückblicken lässt in eine Zeit, die
anders war – und die Großeltern als Zeitzeugen berichten von damals
Alltäglichem, das unter Umständen heute wieder en vogue ist (auch
wenn der „Käfer" dann „Beetle" heißt).*

*Neue Veranstaltungsformate für die ältere Generation können auch auf
einer veränderten Kommunikationskultur aufsetzen. Der Dialog zwischen den Generationen, verstärkt und fokussiert, zu spezifischen
Themen, möglicherweise nicht nur Top-Down sondern unter Anwen-*

dung von Schwarmintelligenz, bei einer Wissensweitergabe von beiden Seiten – und einem Nutzen für alle Beteiligten!

Ein Beispiel hierfür liefert das in dieser Reihe erschienene Buch „Veranstaltungsrichtlinien – Voraussetzungen für erfolgreiche Events": eben gerade – oder vielleicht auch nur – durch die Zusammenarbeit zwischen einem erfahrenen Grandseigneur der MICE Branche und einem Jung-Akademiker konnte ein solches Thema aufgearbeitet werden!

Ein Kongress „Silver Surfer 65 + " als Klammer all dieser Themen, mit einem Keynote-Speaker „aus dem eigenen Lager" (genannt wurde Dietrich Genscher), dem Start eines „Pop-Up-Silver-Surfer-Clubs" und der Ankündigung neuer Portale (z.B. ein Reiseportal für aktive Senioren) ist vorstellbar und scheint, auf den ersten Blick, Erfolg versprechend.

Dieser Auszug aus den Workshop-Ergebnissen macht deutlich, dass wir, bei einer positiven Betrachtung der demografischen Situation, mit etwas Nachdenken und Kreativität ein ganzes Portfolio an Messe-, Kongress- und Event-Themen zusammenstellen können. Und damit nicht nur einen „Business Case" generieren, sondern auch Werte schaffen!

Dabei können uns die Betroffenen selbst helfen – Crowdsourcing nennt man das, wenn die potenziellen Konsumenten durch eigenes Mittun dabei helfen, Neues nach ihrem Geschmack und ihren Bedürfnissen zu schaffen. Jeff Howe spricht davon, dass es darum geht, die „richtige" Gruppe an Menschen heranzuziehen – in unserem Fall sind das in der Regel Personen, die gleichermaßen über Interesse und Zeit verfügen.

Hinzu kommt, dass sich nicht nur ein demografischer Wandel ergibt sondern auch die Umwelt – wirtschaftlich, kulturell, politisch und so weiter – in Bewegung bleibt. Ein weiteres Potenzial, das uns auf die Zielgruppe zugeschnittene Themen offeriert! In „The Design of Future Things" etwa wird von Autos gesprochen, die selbst fahren, von Häusern, die sich selbst reinigen, von Unterhaltungstechnologie, die selbst entscheidet, wie wir unterhalten werden sollen. Nicht wirklich fern sind diese Entwürfe der Veränderung, damit aber auch deren Auswirkungen auf die wachsende Gruppe älterer Menschen.

Phänomene des Alters sind dabei zu berücksichtigen – auch beim Design von Veranstaltungen. Die meisten Menschen, so David Brooks, berichten mit zunehmendem Alter über wachsende Zufriedenheit. Die Geschlechterrollen beginnen sich aufzulösen; viele Frauen werden durchsetzungsfähiger, während viele Männer emotional einfühlsamer werden. Studien zeigen, dass das Alter weder zur Kapitulation noch zur Abgeklärtheit führt. Es ist eher eine Phase der Entwicklung – und damit sind nicht die superfitten Alten gemeint, die das Herannahen ihres Ablebens als Aufforderung verstehen, sich mit Fallschirmen aus Flugzeugen zu stürzen.

Das sind doch ebenfalls spannende Gegebenheiten für die Entwicklung und Umsetzung „passender" Veranstaltungsformate! Und Demenz diskutieren wir heute als „Digitale Demenz", die bei allen latent existiert, nur nicht bei den Alten!

Schließen möchte ich mit einem weiteren Verweis auf den Zukunftsforscher Matthias Horx; er legte 2011 das Buch des Wandels vor, in dem er auch eine Lebenslandkarte entwirft. Die Basis unseres Lebens, so Horx, wird in der Kindheit gelegt; aber eine Entscheidung pro motivierende Lebensherausforderung in fortgeschrittenem Alter führt zu Lebenskompetenz und Selfness-Weisheit – dem steht der frühzeitige Tod diametral gegenüber!

Verwendete Quellen und weiterführende Literatur

Bleile, Gerhard/Blei, Cornelius Philipp (2013): Veranstaltungsrichtlinien. Voraussetzungen für erfolgreiche Events. 2. Auflage. Sternenfels.

Brooks, David (2012): Das soziale Tier. München.

Horx, Matthias (2011): Das Buch des Wandels. Wie Menschen Zukunft gestalten. München.

Horx, Matthias (2009): Anleitung zum Zukunftsoptimismus. Warum die Welt nicht schlechter wird. 2. Auflage. München.

Howe, Jeff (2008): Crowdsourcing. Why the Power of the Crowd is driving the Future of Business. New York

Kaku, Michio (2012): Die Physik der Zukunft. Unser Leben in 100 Jahren. Reinbeck.

Klingholz, Reiner (2004): Demographie: Was Deutschland erwartet. In: GEO Magazin Nr. 05/04. O.A.

Krämer, Walter (2011): Sind wir Deutsche eine Nation von Panikmachern? München.

Noë, Alva (2010): Eine radikale Philosophie des Bewusstseins. München.

Norman, Donald A. (2007): The Design of Future Things. New York.

O.V. (o.J.): wegweiser-kommune.de. der Bertelsmann-Stiftung. URL: www.wegweiser-kommune.de. Zuletzt abgerufen am 17.12.2012.

Spitzer, Manfred (2012): Digitale Demenz. Wie wir uns und unsere Kinder um den Verstand bringen. München.

Statistisches Bundesamt (Hrsg.) (2009): Bevölkerung Deutschlands bis 2060. 12. koordinierte Bevölkerungsvorausberechnung. Wiesbaden. Abrufbar im Internet unter: https://www.destatis.de/DE/Publikationen/Thematisch/Bevoelkerung/VorausberechnungBevoelkerung/BevoelkerungDeutschland2060Presse5124204099004.pdf;jsessionid=4BBA9701CE1D6F04930F19000E4C6231.cae2?__blob=publicationFile. Zuletzt aufgerufen am 17.12.2012.

Wieprecht, Volker/Skuppin, Robert (2009): Das Lexikon der verschwundenen Dinge. Berlin

3 Klimafreundliche Veranstaltungen auf dem Weg zum Mainstream

von Stefan Baumeister

Der Klimawandel – DIE Herausforderung des 21. Jahrhunderts

Der Weltklimarat der Vereinten Nationen IPCC – Intergovernmental Panel on Climate Change – hat im Bericht Climate Change 2007 deutlich gemacht, dass der Ausstoß von Treibhausgasen in die Atmosphäre reduziert werden muss, um den globalen Temperaturanstieg bis ins Jahr 2100 auf etwa 2 Grad Celsius zu begrenzen. Umgerechnet sind das zwischen 1 bis 2 Tonnen CO_2-Äquivalente pro Kopf und Jahr. Heute liegt der jährliche Pro-Kopf-Ausstoß an CO_2-Äquivalenten eines Deutschen im Durchschnitt fast 6-mal über dem angestrebten Wert. Die Reduktion auf 1 bis 2 Tonnen CO_2-Äquivalente pro Kopf und Jahr stellt zwar eine hohe Anforderung dar, jedoch sind auch die Potentiale einer Reduktion nach heutigem Wissens- und Technikstand enorm und nicht annähernd ausgeschöpft. Der Klimawandel ist eine der größten Herausforderungen der Menschheit. Er betrifft uns alle!

Das Wichtigste in Kürze

- Die Konzentration an Treibhausgasen in der Atmosphäre und die Temperaturen stehen seit mindestens 650.000 Jahren in einem engen Zusammenhang.

- Der Temperaturanstieg wird durch den Treibhauseffekt verursacht.

- Es gibt einen natürlichen Treibhauseffekt. Ohne ihn wäre es an der Erdoberfläche minus 18 Grad Celsius kalt. Die Menschen verstärken den Treibhauseffekt aber entscheidend.

- Kohlendioxid ist weltweit das dominante Treibhausgas. Es entsteht vor allem bei der Verbrennung von Kohle, Erdöl und Erdgas.

- In Deutschland ist bis zum Jahr 2100 mit einem Temperaturanstieg von 2,5 bis 3,5 Grad Celsius zu rechnen. Extreme Wetterereignisse wie Trockenperioden und Hitzewellen, aber auch Stürme und Überschwemmungen, werden zunehmen.

Einfache Klima-Bilanzierung

Wie können wir unsere natürlichen Lebensgrundlagen schonend nutzen? Wie schaffen wir es, in Zukunft weniger CO_2 auszustoßen? Wo entstehen im Unternehmen oder bei einer Veranstaltung Treibhausgasemissionen? An welcher Stelle im Produktlebenszyklus oder in welchen Prozessen Ihres Unternehmens fallen die meisten klimaschädlichen Emissionen an und wo sind Reduktionsmaßnahmen am sinnvollsten? Solche Fragen beantwortet myclimate mit wissenschaftlich fundierten Analysen bezüglich der klima- und umweltschädlichen Wirkung von Produkten oder Prozessen. Nur wer eine eigene Bilanz erstellt, kann seine Treibhausgasemissionen managen und reduzieren. Zusätzlich stellt Ihnen myclimate mit maßgeschneiderten Klimarechnern einfache Instrumente zur Seite, mit denen Sie und Ihre Mitarbeitenden den Emissionsausstoß von Aktivitäten und Produkten, zum Beispiel im Intra- oder Internet, selbst berechnen können.

Die ökologische und soziale Verantwortung von Unternehmen ist in den letzten Jahren immer stärker in den Fokus der öffentlichen Wahrnehmung gerückt. Die Bekämpfung des Klimawandels ist dabei ein zentrales Thema. Ein Engagement für den Klimaschutz steigert heute die Markensympathie und Kundenloyalität und ist ein bedeutendes Verkaufsargument.

Viele Unternehmen weisen ihre Treibhausgasemissionen bereits als festen Bestandteil einer CSR-Strategie bzw. eines Nachhaltigkeitsreportings aus. Eine Bilanzierung gemäß den Standards (GRI oder GHG-Protokoll) ist vielseitig einsetzbar und kann natürlich auch zur Teilnahme am Carbon Disclosure Project genutzt werden. Mit einer wissenschaftlich fundierten Bilanzierung ist die Basis für eine glaubwürdige Klimaschutzstrategie belegt. Nach erfolgter Bilanzierung können individuelle Maßnahmen zur Emissionsreduktion entwickelt und umgesetzt werden; die nicht-vermeidbaren Treibhausgasemissionen können kompensiert werden (siehe Abschnitt „Der Mechanismus der Kompensation"), eine glaubwürdige Kommunikation des eigenen Engagements gegenüber allen Stakeholdern kann realisiert werden.

Eine große Signalwirkung kann durch die Umsetzung klimafreundlicher oder klimaneutraler Veranstaltungen erreicht werden. Erfahrungsgemäß bedingt der Bereich Mobilität den Großteil (bis zu 90 %) der entstehenden Treibhausgasemissionen einer Veranstaltung (Abbildung 1).

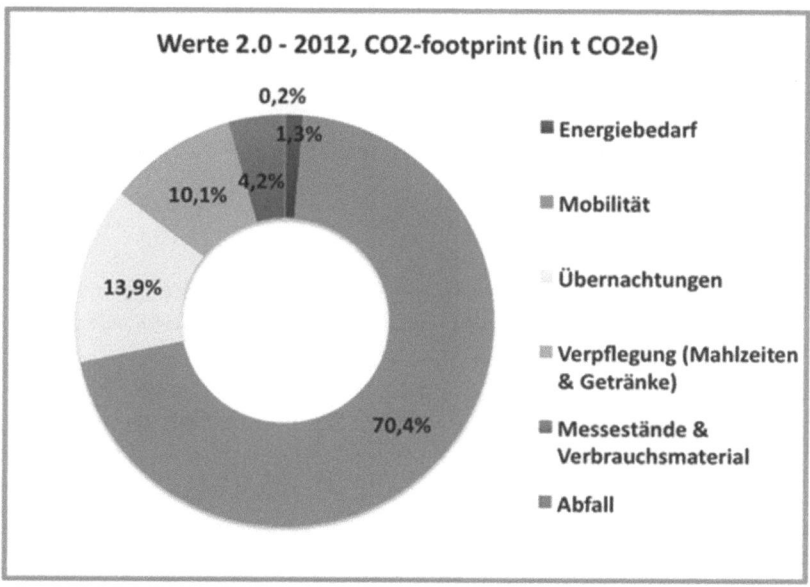

Abbildung 1: Prozentualer Anteil verschiedener Bereiche an den Treibhausgasemissionen der Veranstaltung Wert 2.0 im Jahre 2012

Gleichzeitig ist dies jedoch auch der Bereich mit den am schwersten zugänglichen Daten. Für eine glaubwürdige Berechnung und Kommunikation kann die Mobilität aber nicht vernachlässigt werden. Die Verwendung von intelligenten Berechnungstools (wie unten beschrieben) oder eine Prozessintegration der Mobilitätsberechnung und Datenerhebung können den Prozess der Treibhausgasbilanzierung einer Veranstaltung erheblich erleichtern.

Der myclimate CO_2-Eventrechner ermöglicht einen schnellen Überblick über alle anfallenden Emissionen aus den Bereichen Energie, Mobilität, Verpflegung, Verbrauchsmaterial und Abfall. Die Eingabemaske ist benutzerfreundlich und interaktiv. Die ermittelten Werte können in der entsprechenden Einheit eingetragen werden und umgehend wird der entsprechende Emissionswert angezeigt. Einen Ausschnitt der Eingabemaske des Bereichs Mobilität zeigt Abbildung 2.

Mobilität insgesamt	Eingabe	t CO_2e
Anzahl Teilnehmer per Bus	20	
Durchschnittliche Bus-Distanz pro Teilnehmer (hin und retour)		
Sollten Ihnen die Distanzen absolut unbekannt sein, können Sie alternativ 100 km pro Teilnehmer		
annehmen.	50	0.10
Anzahl Teilnehmer per Bahn	100	
Durchschnittliche Bahn-Distanz pro Teilnehmer (hin und retour)		
Sollten Ihnen die Distanzen absolut unbekannt sein, können Sie alternativ 200 km pro Teilnehmer		
annehmen.	250	0.49
Anzahl Teilnehmer per Auto	100	
Durchschnittliche Auto-Distanz pro Teilnehmer (hin und retour)		
Sollten Ihnen die Distanzen absolut unbekannt sein, können Sie alternativ 200 km pro Teilnehmer		
annehmen.	400	7.90
Exakte Flugdistanzen (bekannt/unbekannt)	unbekannt ▼	
	bekannt	
	unbekannt	
Anzahl Flüge Kurzdistanz (z.B. Zürich-Berlin, hin und retour)	100	34.40
Anteil Business-Flüge in %	0%	
Anzahl Flüge Mitteldistanz (z.B. Zürich-Moskau, hin und retour)	20	18.84
Anteil Business-Flüge in %	0%	
Anzahl Flüge Langdistanz (z.B. Zürich -Hong Kong, hin und retour)	2	7.88
Anteil Business-Flüge in %	0%	

Abbildung 2: Benutzerfreundliche Eingabemaske des myclimate-Klimarechners

Gemeinsam mit den Firmen up2date solutions und intergerma entwickelt, steht jetzt auch „Green TMS" zur Verfügung. Mit diesem webbasierten Teilnehmermanagementsystem können Veranstaltungsplaner jetzt die genaue Höhe der CO_2-Emissionen der Anreise aller Teilnehmer in Echtzeit berechnen. Im Registrierungsprozess ermittelt das selbsterklärende System durch einfache Eingabe von Verkehrsmittel und Wegstrecke den exakten CO_2-Wert der Mobilitätskomponente jedes einzelnen Event-Teilnehmers einschließlich der Referenten und Lieferanten. Das System weist den Wert sofort aus und gibt gegebenenfalls eine Alternative zu einer ökologisch vorteilhafteren Anreise an (Abbildung 3).

Teilnehmer und Veranstalter werden durch den Einsatz des neuen Tools für den Nachhaltigkeitsaspekt sensibilisiert und können gezielt auf ökologisch nachhaltigere Verkehrsmittel umsteuern. Zudem werden die Emissionen direkt mit der Teilnehmerliste ausgewertet und bieten so eine einfache und effektive Bilanzierung der Mobilitätsemissionen einer Veranstaltung. Die Möglichkeit zur Integration eines so umfassenden Systems in den Veranstaltungsabteilungen von Unternehmen ist bislang einzigartig und sorgt für die zunehmend geforderte Transparenz im Nachhaltigkeitsreport.

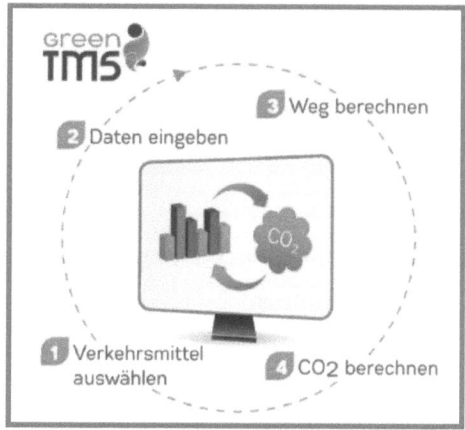

Abbildung 3: Green TMS: Das Tool zur einfachen Erfassung und automatischen Berechnung der Mobilitätsemissionen einer Veranstaltung

Klimafreundliche Veranstaltungen – Tipps und Tricks

Mobilität

- Öffentlichkeitsarbeit: Bewerbung Bahn-Anreise und ÖPNV
- Location mit guter Bahnanbindung auswählen
- Dokumentation der Treibhausgasemissionen (z.B. Green TMS)

Energiebedarf der Veranstaltung

- Bezug von Ökostrom
- schonender Einsatz und verantwortungsbewusstes Heizen und Kühlen
- Aspekt Energieverbrauch bei Auswahl des Veranstaltungsortes berücksichtigen

Übernachtungen

- optimale Anbindung an das öffentliche Verkehrsnetz und den Veranstaltungsort
- Hotel nach dem CO_2-Footprint fragen, klimafreundliches oder klimaneutrales Hotel wählen

Verpflegung – Catering

- vegetarischen Anteil erhöhen
- biologisches, regionales & saisonales Angebot erweitern
- Geschirr: Mehrweg statt Plastik

Messestände und Verbrauchsmaterial

- Verzicht auf unnötiges Material („weniger ist mehr")
- Recycling-Papier verwenden

Abfall

- gute Planung vermeidet Überschuss
- Recycling

Alle genannten Bereiche sollten bei der Planung und Durchführung einer Veranstaltung beachtet und in der Bilanzierung berücksichtigt werden. Solch ein glaubwürdiger Ansatz erhöht die positive Signalwirkung einer klimafreundlichen Veranstaltung.

Der Weg zu klimaneutralen Veranstaltungen

Mit Hilfe der oben geschriebenen Tools lassen sich die Emissionen einer individuellen Veranstaltung berechnen. Gehen Sie weiter, werden Sie zum Vorreiter im Klimaschutz, positionieren Sie Ihr Unternehmen im Bereich Klimaschutz – kompensieren Sie alle entstehenden Emissionen in hochwertigen myclimate Klimaschutzprojekten und laden Sie zu einer klimaneutralen Veranstaltung ein.

Nach erfolgter Bilanzierung und Kompensation (siehe Abschnitt „Der Mechanismus der Kompensation") erhalten Sie ein marketingwirksames Label, welches Ihre Veranstaltung als „Klimaneutrales Event" auszeichnet (Abbildung 4). Nutzen Sie diesen Vorteil in Ihrer Teilnehmerwerbung, der Akquise von Sprechern und in Ihrer PR-Arbeit. Die Durchführung einer klimaneutralen Veranstaltung kann einen zusätzlichen Punkt Ihrer Nachhaltigkeitsstrategie darstellen.

Abbildung 4: myclimate-Zertifizierungslabel Ihrer klimaneutralen Veranstaltung

Der Mechanismus der Kompensation

Für das Klima spielt es – im Gegenzug zur Luftverschmutzung – keine Rolle, wo Treibhausgase in die Atmosphäre gelangen und wo sie reduziert werden. Wichtig ist, dass die weltweiten Emissionen in der Summe abnehmen. Es ist daher sinnvoll, Emissionen, die an einem Ort entstehen, an einer anderen Stelle einzusparen. Diesen Vorgang nennt man Kompensation.

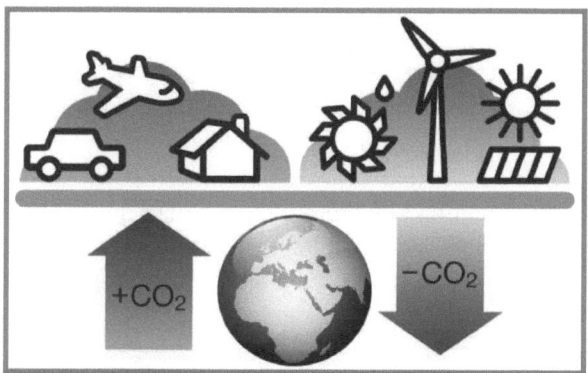

Abbildung 5: Der Mechanismus der Kompensation

Konkret bedeutet dies, dass die berechnete Menge an Treibhausgasemissionen, die bei einer Veranstaltung entsteht, durch eine Ausgleichzahlung kompensiert wird (Abbildung 5). Dieser Betrag wird von myclimate in hochwertige Klimaschutzprojekte investiert, welche nachweislich mithilfe eines Austausches von klimabelastenden Energiequellen durch erneuerbare Energien Treibhausgasemissionen einsparen. Hinzukommt, dass durch die myclimate-Klimaschutzprojekte nicht nur der Ausstoß von Treibhausgasen verringert wird, sondern durch die strengen Projektstandards auch die Lebensqualität der lokalen Bevölkerung verbessert wird. Alle myclimate-Klimaschutzprojekte sind durch den qualitativ strengsten Standard, den Gold Standard, zertifiziert und erfüllen die Kriterien der Permanenz, der Additionalität und der Nachhaltigkeit. Der Gold Standard wurde von 60 Umweltorganisationen unter der Federführung des WWF gegründet. Er basiert auf den Kriterien des Clean Development Mechanism (CDM) und legt neben der CO_2-Reduktion besonderen Stellenwert auf die nachhaltige Entwicklung in Entwicklungs- und Schwellenländern.

Das Projekt „Solar Home Systems in Äthiopien" ist ein sehr schönes Beispiel dafür (Abbildung 6). Etwa 99 Prozent der ländlichen Bevölkerung in Äthiopien lebt ohne Stromversorgung und muss deshalb große Einschränkungen in Kauf nehmen.

Solar Home Systeme (meist bestehend aus kleinen, auf dem Hüttendach installierten Photovoltaikmodulen, einer Batterie, Verkabelung und LED-Leuchten) verbessern die Lebensbedingungen der Familien in vielerlei Hinsicht: Mit der stabilen dezentralen Stromversorgung ist nach der frühen Dämmerung nicht mehr eine rußige, gesundheitsschädliche Kerosinlampe die einzige Lichtquelle, sondern eine saubere, helle LED-Leuchte. Kinder können abends noch lesen und ihre Hausaufgaben machen. Statt teures Geld für Kerosin ausgeben zu müssen, werden die Familien Eigentümer eines Solar Home Systems. Neue Gewerbemöglichkeiten entwickeln sich. Die Menschen bekommen Zugang zur Telekommunikation, weil an der Batterie das Handy aufgeladen werden kann.

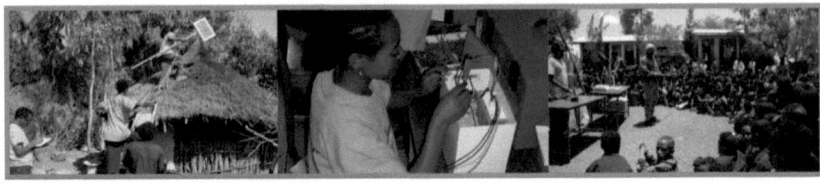

Abbildung 6: Das Gold-Standard zertifizierte Klimaschutzprojekt
„Solarlampen im ländlichen Äthiopien"

Bildung und Training der lokalen Bevölkerung ist ein wichtiges Anliegen des Projektes. Um gut ausgebildetes Personal zur Verfügung zu haben, das in der Lage ist, die Solar Home Systeme zu installieren und zu pflegen, wurde die „International Solar Energy School" nahe der Hauptstadt Addis Abeda gegründet. Dort lernen die künftig selbständigen Solartechniker ihr Handwerk sowie Buchhaltung, Planung und Projektmanagement (Abbildung 6). Pro Jahr werden 20 bis 25 Solartechniker ausgebildet. Nach erfolgreicher sechsmonatiger Ausbildung gründen fünf Absolventen ihr Solar-Center. Die ersten Solar-Techniker haben im März des Jahres 2008 die International Solar Energy School absolviert, seitdem sind zehn Solar Center eröffnet worden. Über diesen lokalen Projektansatz können ländliche Regionen in Äthiopien gut erreicht und das notwendige Know-how nachhaltig verbreitet werden.

Fazit

Klimaneutrale Veranstaltungen können einen marketing-wirksamen Baustein Ihrer Nachhaltigkeitsstrategie darstellen. Neben der klimafreundlichen Durchführung ist die Kompensation der nicht-vermeidbaren Treibhausgasemissionen Ihrer Veranstaltung eine glaubwürdige Annahme Ihrer sozialen Verantwortung. Die für eine Kompensation zugrunde liegende Berechnung der veranstaltungsspezifischen Treibhausgasemissionen ist mit Hilfe von myclimate eine einfach umzusetzende CSR-Maßnahme.

Positionieren Sie Ihr Unternehmen im Klimaschutz, frei nach dem Motto „Tue Gutes und sprich darüber!".

4 Mit werteorientierten Veranstaltungen Glaubwürdigkeit beim Publikum erzielen

von Markus F. Weidner

Bei der dritten Veranstaltung „Werte 2.0" am 30. Mai 2012 auf Schloss Montabaur wurden auf Anregung der Teilnehmer aus vorhergehenden Veranstaltungen der Reihe „Werte 2.0" erstmals neben Vorträgen auch kleinere Workshops ins Programm aufgenommen. Nach einem Einführungsvortrag des Autors zum Thema „Werte" wurde der Raum für vier Fragestellungen geöffnet, um gemeinsam mit den Zuhörern rund um das Thema „werteorientierte Veranstaltungen" zu diskutieren. In diesem Beitrag werden Sie die Kernaussagen des Vortrags, ebenso wie die Ergebnisse der Diskussion und weiterführende Betrachtungen zum Thema „Werte" erfahren. Außerdem werden Sie lesen, welche Voraussetzungen notwendig sind, um eigene Veranstaltungen werteorientiert durchführen zu können.

Einführung

Sie können sie nicht riechen und nicht schmecken, Sie können sie nicht sehen und auch nicht hören. Werte sind abstrakte Begriffe, die Sie nicht einfach in eine Schublade legen können, Sie können sie auch nicht an einen Fahnenmast hängen oder mit schönen Lichteffekten beleuchten. Und dennoch werden Sie es spüren, wenn eine Veranstaltung von Werten getragen und nicht nur mit Show und Glamour, perfekten Rednern, informativen Ausstellungen und spannenden Begleitprogrammen inszeniert ist. Eine perfekte Veranstaltung muss nicht werteorientiert sein und eine werteorientierte Veranstaltung muss nicht perfekt sein, doch beides zusammen wird auf lange Sicht mehr Wirkung entfalten als Geld und gute Worte.

Werte können natürlich durch viele kleine und große Facetten der Veranstaltungskunst erlebbar, spürbar, sichtbar gemacht werden und dann können Sie diese vielleicht doch riechen, schmecken, sehen, hören und vor allem spüren. Sei es durch die passende Location, das wohlüberlegte Programm, in dem Werte aufgegriffen sind, oder die wertschätzende Kommunikation vor und hinter den Kulissen, sei es mit den Teilnehmern, Mitarbeitern, Lieferanten, Rednern oder Künstlern.

Es gibt die vielen Kleinigkeiten, die guten Service ausmachen, und selbst wenn alles vermeintlich perfekt ist, muss es nicht im Einklang mit Werten stehen und kann bei den Teilnehmern dazu führen, dass sie mit einer Veranstaltung nicht wirklich zufrieden sind oder Zweifel an der Botschaft haben, die mit dem Event transportiert werden sollte. Vermutlich haben Sie selbst auch schon solche oder ähnliche Erfahrungen gemacht.

Die Qualität einer Veranstaltung wird von einer so unglaublichen Vielzahl von Einflüssen bestimmt, diese alleine aufzuzählen würde den Rahmen dieses Artikels sprengen. Der Herausgeber dieses Bandes, Prof. Stefan Luppold, hat in Zusammenarbeit mit Jörn Raith, Geschäftsführer der Stadthalle Hagen GmbH in seinem Buch „Dienstleistungs-Management" in Veranstaltungszentren, Verlag Wissenschaft & Praxis (2012), viele Aspekte besprochen, die alleine die Location berücksichtigen muss, um wertvolle „Qualitätsveranstaltungen" liefern zu können. Daher verweisen wir gerne auf diesen Band, da er viele praxisrelevante Themen beleuchtet, die ein gutes Dienstleistungsmanagement in Veranstaltungszentren ausmacht.

Das Thema „Werte" im Veranstaltungsbereich wurde bekanntermaßen erstmals von der Agentur intergerma Marketing GmbH & Co. KG im Jahr 2010 mit der Veranstaltungsreihe „Werte 2.0" ausdrücklich thematisiert und erlebbar gemacht.

Als Unternehmer, Redner, Trainer und Berater wurde ich durch diese erste Veranstaltung maßgeblich inspiriert, das Thema „Werte" für mein eigenes Unternehmen und die eigene Arbeit aufzugreifen und zu hinterfragen. Ich habe mich gefragt: „Wie gehe ich eigentlich selbst damit um?"

Da ich bei den Veranstaltern ein wahrhaftiges Anliegen gespürt habe, dem Thema „Werte" in einer schnelllebigen Zeit mehr Beachtung zu schenken, hat mich diese Energie, diese Glaubwürdigkeit angesteckt. Es hat mich in jedem Vorgespräch und bei den Veranstaltungen selbst immer wieder begeistert, wie durch das perfekte Aufgreifen von Wertefragen signalisiert wurde, wie wichtig dem Veranstalter das Thema ist.

In der Wirtschaft werden Werte auch wieder stärker diskutiert und nicht zuletzt hat das renommierte Magazin Harvard Business Manager dem Thema im Februar 2012 eine ganze Ausgabe gewidmet. „Neue Werte für das Management", so lautete der Titel. In einem Artikel in dieser Ausgabe schreibt Rosabeth Moss Kanter, Professorin für Business Administration an der Harward Business School, was sie bei ihrer wissenschaftlichen Arbeit zum Thema Werte beobachtet hat: „Unternehmensergebnisse und das Verhalten von Organisationen werden nicht nur von Zweckrationalismus bestimmt. Auch Emotionen spielen eine wichtige Rolle. Stimmungen sind ansteckend. Sie haben Einfluss auf Fehlquoten, Gesundheit, Engagement und Energie. Die Mitarbeiter beeinflussen sich gegenseitig. Und meine Untersuchungen von Teams und Organisationen zeigen, dass sie ihr Leistungsniveau gegenseitig anheben oder drücken können. Richtig verstandene Werte und Prinzipien können positive Emotionen auslösen und dafür sorgen, dass sich die Mitarbeiter stärker engagieren." Ich kann ihre Erkenntnisse ausdrücklich aus eigener Erfahrung bestätigen. Sie weist allerdings auch zu Recht darauf hin, dass es nicht ausreichend ist, wenn in einem Unternehmenstext möglichst „oft das Wort *Werte* vorkommt". Daher wird es auch bei einer Veranstaltung nicht ausreichen, dass man ihr das Label *werteorientiert* gibt. Es gilt die Werte sicht- und erlebbar zu machen, sie glaubhaft darzulegen. Und was kann wirkungsvoller sein als das Beispiel, dass die Veranstalter von „Werte 2.0" ihre Veranstaltungen mit begrenzten Budgets immer wieder inszeniert haben?

So wurde ich durch die unterschiedlichen Veröffentlichungen und die Veranstaltungen „Werte 2.0" aktiviert, die Werte für mein eigenes Unternehmen zu identifizieren, sie schriftlich festzuhalten und als Führungsinstrument aktiv in meine tägliche Arbeit zu integrieren. Dazu war es notwendig, die Unternehmenswerte zu formulieren und den Abgleich mit den persönlichen Werten der Mitarbeiter zu machen.

Die Auseinandersetzung mit dem Thema hat auch dazu geführt, dass ein weitreichendes und werteorientiertes Spendenprojekt ins Leben gerufen wurde, der Qnigge® Spendentriathlon. Inzwischen unterstützen fast 60 Freunde, Kollegen und Geschäftspartner dieses Projekt. Sie spenden mit jedem Trainingskilometer, den sie in ihrer Sportart im öffentlichen Trainingstagebuch des Qnigge® Spendentriathlons dokumentiert haben. Im ersten Jahr sind bereits über 4.000 Euro zusammengekommen.

Abb. 1: v.l.n.r. Anja Degenhardt, Stiftung RTL – Wir helfen Kindern, Markus F. Weidner, Redner & Initiator Qnigge® Spendentriathlon, Heike Klein, Hotel Estrel Berlin, Markus Schmidt, Geschäftsführer intergerma GmbH & Co.KG, Bernd Fritzges, Account Manager intergerma GmbH & Co.KG (Quelle: Veranstaltung „Werte 2.0", 30.05.2012, intergerma)

Um werteorientierte Veranstaltungen noch besser zu verstehen, ist es notwendig, dass wir uns näher mit den Begriffen Werteorientierung, Qualität, und Glaubwürdigkeit befassen.

Werte und Werteorientierung

Die Botschaft der ersten Veranstaltung „Werte 2.0" hatte, wie bereits berichtet, bei mir etwas bewirkt, etwas in Bewegung gesetzt, mein Bewusstsein für Werte im Geschäftsleben im Allgemeinen und für Veranstaltungen im Speziellen geschärft. Dabei hat mich die persönliche Glaubwürdigkeit des Veranstalters überzeugt, hat mich mitgerissen, hat mich für das Thema begeistert. Heute versenden wir kein Neukundenangebot, moderieren kein Seminar, ohne dass nicht die Unternehmenswerte immer wieder kommuniziert werden.

Wenn ich mit Menschen über den Begriff „Werte" diskutiere, dann höre ich die unterschiedlichsten Aussagen. Es fallen Stichworte wie Haltung, Anspruch, Moral, sittliche Ideale, Ideen, Prinzipien oder Wertvorstellung. Im allgemeinen Sprachgebrauch können wir feststellen, dass es sich wohl um „etwas" handelt, das wünschenswert, erstrebenswert und von einer Gemeinschaft oder einer Einzelperson als wertvoll angesehen wird. Es ist interessant zu beobachten, wie viele Worte es überdies gibt, in denen der Begriff „Wert" verankert ist:

Werturteil, Wertvorstellung, Wertigkeit, Wertverhältnis, Geldwert, Vollwertkost, Tauschwert, Gebrauchswert, Wertschöpfung, Marktwert,

Unternehmenswert, Werteverfall, Wertediskussion, Wertverlust, Wert-zuwachs, Stellenwert, Grenzwert, Mehrwert, Mittelwert, Streitwert, Wertschätzung, Wertarbeit, Nährwert, Börsenwert, Wertpapier, Ver-kaufswert, Spitzenwert, Neuwert, Wertung, Wertemanagement, Wer-tekonflikt, Wertewandel, universelle Werte, innere Werte, religiöse Werte, geistige Werte, Versicherungswert, materielle Werte, persönli-che Werte, sittliche Werte, wertvoll, abwerten, aufwerten, bewerten, verwerten, entwerten, bemerkenswert, empfehlenswert, sehenswert, wertlos, werthaltig, wertbeständig, ...

Die Liste erhebt keinen Anspruch auf Vollständigkeit, zeigt sie doch nur, wie häufig und wie vielfältig das Wort an sich genutzt wird. Das Thema „Werte" ist uns offensichtlich näher, als wir gemeinhin vermuten.

Stellt man sich die Frage, wenn Jennifer Lopez angeblich ihre schöns-ten Rundungen mit 425 Mio. € versichert hat und der Fußballer Chris-tiano Ronaldo für 75 Mio. € verkauft wurde, was wir unter dem Begriff „menschliche Werte" wirklich zu verstehen haben [1]. Wenn davon gesprochen wird, was ein Mensch wert ist, dann können wir es auf ein Jahresgehalt, den Wert der Lebensversicherung oder den Materialwert reduzieren. Bei einem 93 kg schweren Menschen, der aus ca. 63 kg Sauerstoff, 20 kg Kohlenstoff und 10 kg Wasserstoff besteht, kommen da gerade mal 1.800,00 € zusammen [2]. Diese Betrachtungen sind eher ironisch zu verstehen und führen nicht zum wirklichen Kern der Fragestellung, was wir unter Werteorientierung oder gar werteorientier-ten Veranstaltungen verstehen können.

Wenn es vielmehr um die Haltung von Personen oder Personengrup-pen geht, also darum, welche Ideale ein Einzelner oder ein Unterneh-men insgesamt anstrebt, dann müssen wir uns bewusst machen, wel-che Auswirkungen das auf die Person oder ein Unternehmen haben kann.

Jim Collins, viel beachteter amerikanischer Managementlehrer, fand in einer 30-jährigen Langzeitstudie über Spitzenunternehmen sieben we-sentliche Erfolgsprinzipien heraus, die allen untersuchten Unterneh-men gemein waren. Dazu gehörte auch, dass sie alle über zentrale Un-ternehmenswerte verfügen. Er stellte ebenfalls fest, dass es für Spitzen-leistungen nicht entscheidend ist, welche Werte ein Unternehmen hat, „sondern dass man sie hat, dass man sie explizit in die Organisation einbaut und dass man sie über die Zeit hinweg bewahrt" [3]. Dann können Werte etwas Gutes bewirken, unabhängig davon, welche Werte ausgelobt sind und für wichtig erachtet werden.

Die persönlichen Werte werden in früher Kindheit in unseren Denkmustern verankert und haben Einfluss auf unsere Glaubenssätze und unsere Verhaltenspräferenzen, so zumindest interpretiert die Psychologie, sehr vereinfacht ausgedrückt, das Wertethema. Daraus ergibt sich für die Betriebswirtschaft folgende Fragestellung: „Passen die Personen mit ihren Werten zum Unternehmen?". Für eine Veranstaltung bedeutet es: Wurden die Dienstleister und Agenturen ausgewählt, die sich für die Firmenwerte des Auftraggebers interessieren, die diese verstehen und in Konzepte umsetzen können? Treffen die Veranstalter mit Ihren Werten die Werte der Teilnehmer?

Damit ist es auch naheliegend und leicht nachvollziehbar, dass Unternehmen, die ihre Werte nachhaltig pflegen wollen, auch die Mitarbeiter an Bord brauchen, die mit ihren persönlichen Werten diese Firmenwerte tragen und damit in Einklang sein können. Wie sonst will es einem Eventmanager glaubwürdig gelingen, eine Veranstaltung zu inszenieren, in der die Werte des Unternehmens wirklich sichtbar werden, wenn er selbst nicht dahinter steht? Wie will es einem Eventmanager gelingen dahinter zu stehen, wenn er die Werte nicht von Vorstand und Geschäftsführung vorgelebt bekommt? Als Profi wird er ein gutes Eventkonzept erstellen, keine Frage, er wird auch Elemente finden, die die Werte transportieren; nur: wird er mit allen Fasern seines Körpers, mit jedem Gedanken, mit jedem Projektplan, mit jedem Gespräch eben das von Herzen und mit Glaubwürdigkeit zum Ausdruck bringen und alle Beteiligten für die Sache begeistern können?

Leider höre ich es in der Beratungspraxis immer wieder, dass Mitarbeiter frustriert sind, weil die auf Papier gedruckten Werte in der Praxis von den Führungskräften nicht für sie erkennbar gelebt werden. Schade!

Beispiele von Firmenwerten aus der eigenen Praxis

Beispiel 1: Die Werte der Qnigge® GmbH – Freude an Qualität

Zum Verständnis der Werte von Qnigge® gehört zunächst das Verständnis des Firmennamens, hinter dem ein Beratungskonzept, das sogenannte Qnigge® Prinzip und natürlich die Firmenwerte stehen.

Das Q repräsentiert den Begriff und damit den Wert *Qualität* sowie ein systematisches *Qualitätsmanagement*. Das phonetische Wort „Knigge" steht für den Freiherrn von *Knigge*, der im Jahr 1788 einen Bestseller und Longseller verfasste: „Über den Umgang mit Menschen". In diesem Werk hat er bereits die philosophischen Grundlagen für Dienstleistungsqualität beschrieben und auf besondere Weise erklärt, wie Menschen am besten miteinander verkehren und kommunizieren, um ein gutes Auskommen zu haben. Alleine seine Reiseberichte sind lesenswert und beschreiben bereits, wie Reisende zu jener Zeit Qualität wahrgenommen haben (vgl. Knigge 1977, S. 268 ff).

Der Firmenname Qnigge® GmbH – Freude an Qualität hat sich aus der Kombination dieser alten Idee des Freiherrn Knigge und einem modernen Dienstleistungs- und Qualitätsmanagement entwickelt. Das Qnigge® Prinzip steht heute als Synonym für gute Service-, Verkaufs- und Führungsqualität.

Natürlich hat jedes Unternehmen auf die eine oder andere Art ein Managementsystem. Dieses ist in aller Regel mehr oder weniger formell, systematisch und transparent. Dabei können unterschiedliche Führungs- und Controlling-Instrumente eingesetzt werden, wobei die Firmenwerte und Führungsleitlinien die Basis eines langfristig funktionierenden Managementsystems sind. In der Qnigge® Organisationspyramide werden die unterschiedlichen Organisations- und Führungsinstrumente erwähnt, wobei wir an dieser Stelle nur die Wertefrage besprechen. Wer Interesse an unserer Sicht der Dinge zu den anderen Instrumenten hat, für den werden wir im Herbst 2013 ein Buch mit folgendem Titel veröffentlichen: „Gut ist nicht genug – Das Qnigge® Prinzip – Weil Service klare Regeln braucht!" (Weidner, GABAL, 2013)

59

Abbildung 2: Die Qnigge® Organisationspyramide
(Quelle: Qnigge® GmbH – Freude an Qualität)

Die eigenen Firmenwerte konnten wir durch Begriffe belegen, die mit den Buchstaben des Firmennamens in Verbindung stehen. Der Firmenname wurde zum Synonymwort für die Werte.

Abbildung 3: Die Qnigge® - Werte
(Quelle: Qnigge® GmbH – Freude an Qualität)

Damit haben wir für jeden Buchstaben des Firmennamens einen Wertebegriff gefunden, der uns nach innen gegenüber Mitarbeitern, ebenso wie nach außen gegenüber Kunden und Geschäftspartnern, wichtig ist. Es war ein glücklicher Umstand.

Wie verstehen wir die Werte inhaltlich?

Q – Qualität

Unser Ziel ist es, die Anforderungen und Erwartungen unserer Kunden im Sinne der Qualitätsdefinition [4] immer wieder zu erfüllen und gar zu übertreffen. Wenn es gelingt, dass wir uns selbst und unsere Kunden immer wieder begeistern, dann sind wir auf dem richtigen Weg.

N – Nachhaltigkeit

In der Zusammenarbeit mit unseren Kunden, Kollegen und Mitarbeitern entwickeln wir pragmatische Lösungen, die Ergebnisse liefern und langfristig tragfähig sind. Darüber hinaus sind wir uns der Verantwortung unserer Umwelt gegenüber bewusst und berücksichtigen dies bei unseren Reisen. Ziel ist es, die umweltschonendste Möglichkeit zu wählen, die uns zum gewünschten Zeitpunkt zum gewünschten Veranstaltungsort bringt. Im Verlauf der Jahre 2009 bis 2013 können wir für uns in Anspruch nehmen, dass wir über 35.000 Liter Diesel nicht verbraucht haben, da wir über 90 % der Geschäftsreisen auf öffentliche Verkehrsmittel umgestellt haben.

Wer sich mit Green Meetings befasst, der wird wissen, dass die CO_2 Emission bei Veranstaltungen zu über 50 % alleine durch die An- und Abreise hervorgerufen wird. Zur dritten Veranstaltung „Werte 2.0" im Jahr 2012 bin ich gar mit dem Fahrrad angereist, um ein werteorientiertes Signal zu setzen.

I – Initiative

Der gegenwärtige Status kann immer wieder verbessert werden. Dazu bedarf es Neugier, Interesse und Initiative. Nur so ist es möglich, dass wir uns selbst und damit für unsere Kunden weiterentwickeln. Wer seine Werte so festlegt und nach außen trägt wird natürlich daran gemessen und wer kann schon für sich in Anspruch nehmen, dass immer alles perfekt läuft. Daher bedarf es einer immerwährenden Initiative, um den eigenen und fremden Ansprüchen immer wieder gerecht zu werden. Stillstand ist bekanntermaßen Rückschritt.

G – Gewinn

Als Geschäftspartner legen wir in unseren Kundenbeziehungen Wert auf Augenhöhe. Alle Beteiligten sollen in der Zusammenarbeit profitieren, einen Mehrwert haben. Außerdem sind wir als Wirtschaftsunternehmen verpflichtet, Gewinne zu erzielen, um langfristig am Markt bestehen zu können.

G – Glaubwürdigkeit

Wir handeln in Übereinstimmung mit unseren Werten. Inhalte, die wir in Seminaren vermitteln, setzen wir im eigenen Umfeld um. Der Satz ist so einfach wie anspruchsvoll zugleich.

Vor einiger Zeit durften wir einen Führungskräfte-Workshop moderieren, in dem die Qualitätspolitik des Unternehmens festgeschrieben wurde. Auf die Frage: „Wie werden Sie diesen Anspruch an Qualität zukünftig an Mitarbeiter und auch Kunden kommunizieren?" wurde es zunächst sehr ruhig, bis ein Teilnehmer sagte: „Das ist doch einfach, wir stellen die Qualitätspolitik ins Internet ein und machen an der Rezeption einen Aufsteller, der darauf hinweist, wie wir über Qualität denken." Daraufhin gab es erhebliche Widerstände und eine hitzige Diskussion. Innerhalb der Leitungsrunde konnte man sich leider nicht darauf einigen, diesem Vorschlag zu folgen, da man sich vor der Konfrontation mit dem eigenen Anspruch fürchtete. Schade für die Glaubwürdigkeit.

E – Emotionen

Leben, Arbeit, Lernen, Qualität – alles braucht Emotionen. Sie sind der Grundstoff, der uns menschlich macht und täglich hilft, unsere Ziele und die Ziele unserer Kunden mit Leidenschaft zu verfolgen. Ohne Emotionen geht es auch und gerade im Geschäftsleben nicht! Wer wüsste das nicht besser als ein Eventmanager? Gut gemachte Veranstaltungen sind Emotion pur.

Da wir unsere Werte in jedem Seminar kommunizieren, findet das Kundenfeedback immer auf der Basis dieser Werte statt. Es wäre vermessen, wenn wir behaupten, dass es uns immer zu 100 % gelingt, diesem Anspruch gerecht zu werden, dennoch die Messlatte ist gesetzt und es liegt an der eigenen Kreativität und Initiative, immer wieder nach neuen Möglichkeiten zu suchen, diese abstrakten Werte durch das eigene Handeln zu repräsentieren und Vorbild zu sein.

Beispiel 2: Die Werte der ATLANTIC Hotels, Bremen

„In der Zusammenarbeit mit den ATLANTIC Hotels Bremen wurde die Qnigge® Beratungsphilosophie in den wesentlichen Bausteinen umgesetzt. Das Qualitätsmanagement-System der ATLANTIC Hotels nutzt viele der Empfehlungen der Qnigge® Organisationspyramide. So wurde auch bei den ATLANTIC Hotels ein Wertesystem mit Führungsleitlinien entwickelt.

Der Geschäftsführung war es wichtig, dass die Direktoren, die Führungskräfte der Zentrale und auch die Abteilungsleiter der Hotels ihre eigenen Vorstellungen mit einbringen konnten, um ein tragfähiges Werte- und Managementsystem zu entwickeln. Neben der Vision, der Mission, den Unternehmenszielen und Werten sollten Führungsleitlinien formuliert werden, um zukünftig als gemeinsame Richtschnur zu gelten. So entstanden nach intensiven Diskussionen die fünf Firmenwerte. Ein kleines Krokodil namens „QROGL®" wurde als Maskottchen und Sinnbild für diese Unternehmenswerte geboren:

Q ualität

R espekt

O ptimismus

G laubwürdigkeit

L oyalität

Abb. 4: Der QROGL® – Das Werte-Maskottchen der ATLANTIC Hotels Bremen
(Quelle: ATLANTIC Hotels Bremen)

Die besondere Herausforderung für das Unternehmen besteht immer wieder darin, die Firmenwerte in Einklang mit dem täglichen Handeln von Führungskräften und Mitarbeitern gegenüber Gästen und Kollegen zu bringen [5].

So besteht für uns als externer Dienstleister für die ATLANTIC Hotels die Herausforderung immer wieder darin, diese Werte in allen Seminaren und Veranstaltungen für die Mitarbeiter sichtbar und erlebbar zu machen, sei es durch die Anpassung der Seminarkonzepte, die Haltung unserer Trainer gegenüber dem Auftraggeber und den Teilnehmern bis hin zur Nutzung des sympathischen Krokodils „QROGL" als

Demogegenstand. Von der Verkaufsabteilung wissen wir, dass der QROGL als Symbol für die Unternehmenswerte auch in Verkaufsgesprächen, auf Messen und bei Präsentationen eingesetzt wird.

Wie gut kennen Mitarbeiter die Werte ihres Unternehmens?

Wenn es nun darum geht, die Werte des Unternehmens generell in Veranstaltungen einzusetzen und sichtbar zu machen, dann stellt sich natürlich die Frage, wie weit diese Werte im Unternehmen zum einen überhaupt verankert sind und wenn sie verankert sind, ob die Akteure, in diesem Fall die Mitarbeiter, die Werte kennen. Dazu haben wir im März 2011 während eines Vortrags mit dem Thema „Werte schaffen Werte" eine Adhoc-Umfrage unter den ca. 160 Teilnehmern, allesamt aus der Veranstaltungsindustrie, gemacht. Das Ergebnis macht Mut und ist erschreckend zugleich. Von 110 Personen, die geantwortet haben, kannten 52,7 % „ihre" Firmenwerte, 44,5 % wussten, dass ihre Firma Firmenwerte hat, kannten sie allerdings nicht und nur knapp 3 % berichteten darüber, dass die Unternehmen keine definierten Werte hätten. Ein erstaunliches Ergebnis.

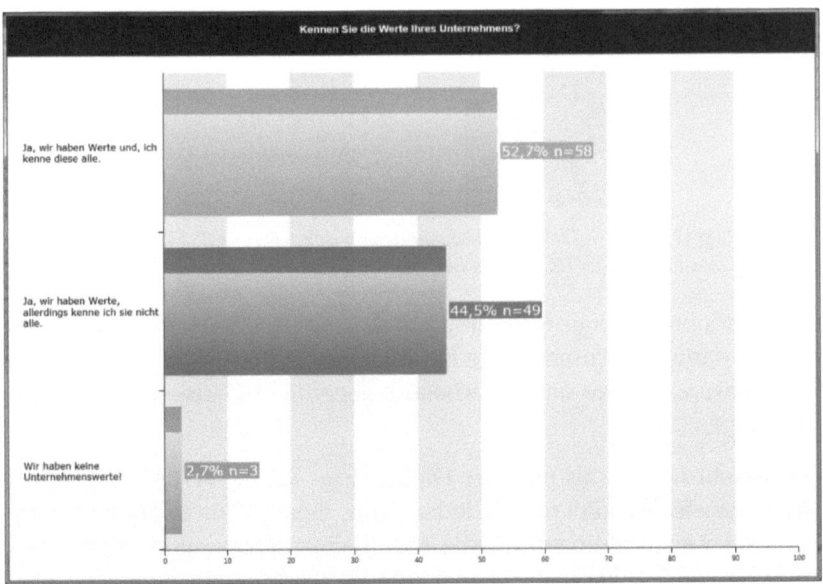

*Abbildung 5: Abfrage über Kenntnis der Firmenwerte
(Quelle: Codiplan GmbH)*

Wenn nun knapp 50 % der Mitarbeiter die Unternehmenswerte nicht kennen, dann stellt sich die Frage, wie es möglich ist, den definierten Anspruch des Unternehmens in seine Dienstleistungsqualität so zu integrieren, dass die Kunden es spüren. Es ist wohl ein unmögliches Unterfangen. Aus den Ergebnissen wird deutlich, dass die Unternehmenslenker noch Entwicklungspotenzial haben.

Der Wert „Qualität" näher betrachtet

Der Begriff Qualität ist ein vielgenutzter, gerade in der industriellen Produktion und mehr denn je auch im Dienstleistungsbereich; gerade die Industrie nutzt Veranstaltungen, um ihre Qualitätsprodukte Kunden und der Öffentlichkeit in schillernden Events nahe zu bringen. Welche Werte stecken hinter einer Marke? Vermutlich fällt es Ihnen leicht, Markenwerte zu benennen, wenn Sie an bekannte Marken, wie zum Beispiel BMW, McDonalds und Apple, denken. Schwieriger wird es, wenn die Marken unbekannt sind. Umso wichtiger, dass die Markenwerte bei Veranstaltungen immer wieder kommuniziert werden.

Qualitäts-Zertifizierungen der unterschiedlichsten Art vermitteln gerade bei unbekannteren Marken dem Verbraucher die Sicherheit, dass Unternehmen ein systematisches (Qualitäts-)Management haben, um Qualität zu produzieren und welches Unternehmen nimmt nicht für sich in Anspruch, dass ihm der Wert Qualität wichtig ist?

Im Kern ist die Wahrnehmung von Qualität eines Produktes oder einer Leistung allerdings subjektiv und kann aus dem Blickwinkel des Betrachters sehr unterschiedlich gesehen werden. Wer das erste Mal auf einer Konferenz ist und ein angemessen dekoriertes Büffet sieht, wird dieses im Vergleich zu einem Eventprofi möglicherweise sehr positiv bewerten. Dieser wiederum hat bereits viele ausgefallene Dekorationen gesehen und wird vermutlich sagen: „So habe ich es schon 100 Mal gesehen, das ist nichts Besonderes".

Maßgeblich in der Bewertung von Qualität ist daher einerseits die Anforderung des Kunden (Anforderungen werden ja vom Kunden explizit genannt) und darüber hinaus seine Erwartung (diese werden in der Regel nicht oder nicht mehr explizit ausgesprochen) und wie diese schließlich vom Dienstleister erfüllt und idealerweise gar übertroffen werden.

Wenn die Erwartung eines Kunden darin besteht, dass er in seinem Hotelzimmer, welches er für eine Veranstaltung gebucht hat, ein ordentliches und sauber bezogenes Bett vorfindet, dann wird diese Selbstverständlichkeit genau als solche wahrgenommen und die Erfüllung nicht als Besonderheit quittiert, weil es ja normal ist, weil es erwartet wird.

Wenn er ausdrücklich ein Doppelzimmer mit Balkon bestellt, dann wird er, sofern ihm ein Doppelzimmer mit Balkon tatsächlich zugeteilt wurde, auch das sicherlich positiv registrieren, allerdings nicht als besonderes Dienstleistungserlebnis wahrnehmen, da seine Anforderungen wie bestellt umgesetzt sind.

Erst wenn das Zimmer Leistungsmerkmale aufweist, die er weder bestellt (angefordert) noch als selbstverständlich erwartet hat, wird dieses Zimmer in seiner Wahrnehmung eine besondere Wertschätzung erfahren. So verhält es sich mit jedweder Leistung.

Erst wenn er eine wertvolle Information zur gebuchten Konferenz auf dem Zimmer findet, die er nicht erwartet, wird es als etwas Besonderes, eine Überraschung, wahrgenommen. Alleine schon bei der Anreise kann ein Veranstalter seine Gastgeschenke so auswählen, dass Werte der Veranstaltung oder des Unternehmens transportiert werden.

War bis vor wenigen Jahren die Möglichkeit einer kostenpflichtigen Interneteinwahl direkt vom Zimmer noch ein besonderes Leistungsmerkmal, so gehört es heute zur Selbstverständlichkeit, dass man über WLAN kostenlos einen Netzzugang hat. So steigt die Messlatte für jedes Produkt und so auch für jede Veranstaltung, weil Verbraucher immer etwas Neues, etwas Spannenderes, etwas Noch-nie-Dagewesenes erwarten oder erhoffen.

Wenn nun der Veranstalter die Erwartung hervorruft, dass eine Veranstaltung Werte vermittelt, dann ist es natürlich so, dass jeder Teilnehmer erwartungsvoll schaut, ob er das Angekündigte auch wirklich vorfindet und für sich persönlich wahrnehmen kann.

Wie hoch war der Erwartungsdruck der annähernd 400 Teilnehmer bei der ersten Veranstaltung green meetings & events am 15. März 2011 im Congress Centrum Mainz, ob der Wert „Nachhaltigkeit in der Veranstaltungsindustrie" bei dieser Konferenz gar selbst sichtbar und stringent für die Teilnehmer spürbar würde. Die Stimmen waren unterschiedlich. Während die einen den Ansatz als gelungen feierten, war es den Kritikern noch nicht nachhaltig genug, weil zum Teil auch manche Elemente der Nachhaltigkeit gar nicht als solche wahrgenommen wurden, obwohl sie in Tat und Wahrheit da waren. So wichtig ist offensichtlich Kommunikation, um auch die Feinheiten zu transportieren.

Die Verbindung von persönlichen Werten der Mitarbeiter mit den Unternehmenswerten

Wie wir heute durch umfangreiche Untersuchungen wissen, wird das Verhalten von Menschen auch durch deren persönliche Werte und Lebensmotive bestimmt (vgl. Brand/Ion 2009, S. 18–20). Umso wichtiger ist es, dass sich Führungskräfte in Unternehmen dieser Tatsache bewusst sind und entsprechend handeln, um langfristig erfolgreich, glaubwürdig und sympathisch zu sein" [5].

Schauen Sie sich die nachfolgende Liste von Werten (ohne Anspruch auf Vollständigkeit) an und entscheiden Sie, welche sechs Werte Ihnen besonders wichtig sind. Notieren Sie sich diese Werte auf einem Blatt Papier bevor Sie weiterlesen.

Glaubwürdigkeit	Balance halten	Effektivität	Vertrauen
Engagement	lebenslanges Lernen	Qualität	Risikobereitschaft
Anerkennung	Leidenschaft	Karriere	Integrität
Verantwortung übertragen	ein Erbe hinterlassen	Erfolg	Teamorientierung
Veränderungs-bereitschaft	Querdenken	Kompetenz	Beständigkeit
Toleranz	Verantwortlichkeit	Ehrlichkeit	Fairness
Spaß	Loyalität	persönlicher Respekt	Unternehmertum
Kunden-orientierung	Offenheit	Familie	Spontaneität
Beziehung	Macht	Neugier	körperliche Aktivität
Rache/Kampf	Ruhe und Beständigkeit	Status	Respekt
Ehrlichkeit	Beziehung	Ordnung	Gewissenhaftigkeit

Abbildung 6: Wertetableau
(Quelle: Qnigge® GmbH – Freude an Qualität)

Wenn Sie sechs Werte identifiziert haben, wählen Sie vier davon aus, die Ihnen besonders wichtig sind. Nehmen Sie sich maximal zwei Minuten Zeit dafür. Und jetzt schauen Sie sich diese vier Werte an und wählen nochmals zwei Werte aus. Sie werden überrascht sein, wie schwer es ist, sich auf diese beiden festzulegen. Sie werden vermutlich feststellen, dass am Ende die Werte stehen, die Ihnen so wichtig sind, dass Sie sich nur richtig wohlfühlen, wenn sie in Ihrem Arbeits- und Lebensumfeld erfüllt sind.

Wenn Sie zum Beispiel „Beziehung" wertschätzen, dann ist es für Sie besonders wichtig, mit anderen Menschen im persönlichen Kontakt zu sein. Sie sind mehr ein Teammensch als ein Eigenbrötler. In diesem Fall vertreten Sie vermutlich die Auffassung, dass Erfolg leichter gemeinsam mit anderen als alleine zu erzielen ist. Also ein typischer Glaubenssatz. Entsprechend werden sie sich verhalten und Kompetenzen entwickelt haben, gerne in Gesellschaft sein, die Fähigkeit zum Knüpfen von Kontakten beherrschen und sich leicht tun, auf Menschen zuzugehen. Sie werden Gemeinschaftsaktivitäten fördern, Netzwerken, Mannschaftssportarten wählen und sich auf Stellen bewerben, bei denen Sie im Team mit anderen arbeiten können. Folgen wir den Überlegungen von Prof. Steven Reiss (1), so werden Menschen von 16 Lebensmotiven, also einem Set von Werten geprägt, die maßgeblich Einfluss auf ihr Verhalten und ihre Einstellung zum Leben haben.

Durch empirische Untersuchung hat er über 300 solcher Werte herausgearbeitet und zum sogenannten Reiss-Profil der 16 Lebensmotive verdichtet, um seine Erkenntnisse für die Arbeitswelt handhabbar zu machen.

Als Kernbegriffe nennt er „Macht", „Teamorientierung", „Neugier", „Anerkennung", „Ordnung", „Sparen/Sammeln", „Ehre", „Idealismus", „Beziehung", „Familie", „Status", „Rache/Kampf", „Eros", „Essen", „körperliche Aktivität" und „emotionale Ruhe".

Erfolgreiche Fußballtrainer, wie zum Beispiel Jürgen Klopp (Borussia Dortmund), verwenden die Erkenntnisse von Prof. Reiss, um ein Fußballteam erfolgreich und werteorientiert zu führen. Er beachtet die Frage „Was ist den Menschen wirklich wichtig im Leben?" Wem Familie im Leben wichtig ist, der wird es begrüßen, wenn ausreichend Familienzeit verfügbar ist und die Familie beim Spiel mit dabei ist. Welche negativen Auswirkungen würde es haben, wenn es der Familie nicht gestattet wäre, beim nächsten Fußballspiel dabei zu sein? Das wäre – zumindest für diese Spieler – keine werteorientierte Veranstaltung.

Bei wem „Macht" stark ausgeprägt hat, der wird sich als Führungsspieler profilieren wollen und wem Anerkennung von anderen nicht wichtig ist, der hat auch keine Angst einen Elfer zu verschießen. Er wird sich nicht verunsichern lassen, vor lauter Angst „zu verschießen".

Daher ist es sehr wertvoll, wenn die persönlichen Werte mit dem Arbeits- und Lebensumfeld gut korrespondieren. Lebenszufriedenheit und Gesundheit hängen davon ab, wie ich aus eigener Erfahrung berichten kann. Diese Erkenntnis können wir uns zunutze machen, wenn Werte in Veranstaltungskonzepte sichtbar eingebaut werden. Die Teilnehmer des Workshops hatten dazu ihre eigene Sicht der Dinge und konnten sich aktiv einbringen. Hier sind die Ergebnisse.

Vier Fragen an das Plenum des Workshops „Mit werteorientierten Veranstaltungen Glaubwürdigkeit beim Publikum erzielen"

Nach den einführenden Gedanken zum Thema „Werte" wurden die über 60 Zuhörer in vier Gruppen aufgeteilt. Jede Gruppe hatte eine Frage zu beantworten. Für die Visualisierung wurden vier unterschiedliche Medien verwendet: eine altmodische Kreidetafel, klassische Moderationskarten, die moderne Variante mit Laptop und Video-Beamer sowie Luftballons. Sicher wären die Antworten nicht besser oder schlechter gewesen, hätte man sich nur auf eine Methode der Visualisierung beschränkt. Dennoch konnte so der Anspruch an Kreativität und Abwechslung sichtbar gemacht werden. Die Teilnehmer haben es honoriert. Wir stellen die Antworten unkommentiert vor, um die Gedanken der Teilnehmer wertzuschätzen. Möge der Leser die Antworten selbst bewerten und eigene Antworten finden.

1. Welche Herausforderungen müssen Sie bei einer Veranstaltungs-konzeption bewältigen, um Werte in ein Projekt zu integrieren und im Rahmen der Veranstaltung sichtbar zu machen?
   a. Werte definieren für den Veranstalter
   b. Überprüfen der eigenen Grundhaltung
   c. Zielgruppen definieren
   d. Konzept und Thema
   e. Überprüfen der Ziele
   f. Werte definieren für Teilnehmer
   g. Auswahl der Referenten und Moderatoren
   h. Authentisch und konsequent sein
   i. Briefing
   j. Kommunikation
   k. Brücken schlagen
   l. Einladungsprozedere
   m. Beständigkeit muss vorhanden sein
   n. Servicequalität

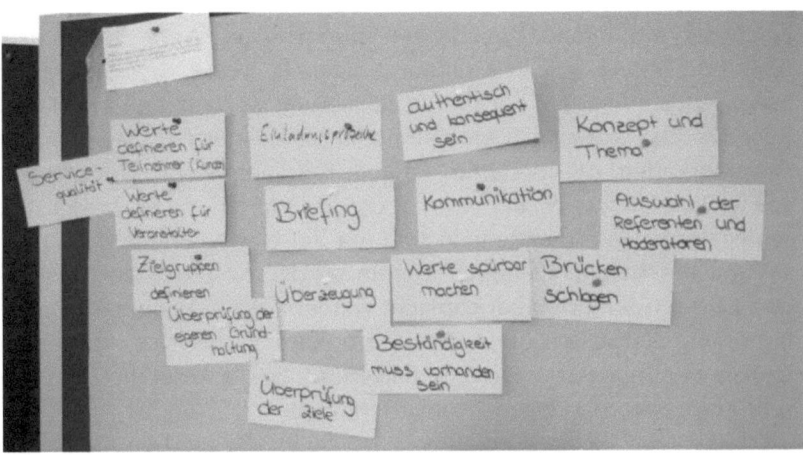

Abbildung 7:   Antworten auf Moderationskarten
(Quelle: intergerma GmbH & Co. KG

2. Welche Werte erkennen Sie im Veranstaltungsformat „Werte 2.0" umgesetzt? (Visualisierung auf Kreidetafel)

a. Roter Faden
b. Kritikfähigkeit/-bereitschaft
c. Glaubwürdigkeit
d. Kreativität
e. Verantwortung
f. Nachhaltigkeit/CO_2 neutral
g. Teilnehmerorientierung
h. Professionalität
i. Miteinander/Netzwerken
j. Spaß
k. Gemeinnützigkeit und soziale Verantwortung
l. Innovation
m. Offenheit
n. Interaktivität
o. 2012 mehr Praxisbezug als 2011
p. Servicebereitschaft

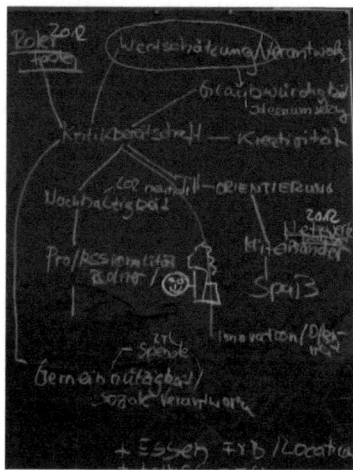

Abb. 8: Antworten auf Kreidetafel (Quelle: intergerma GmbH & Co. KG)

3. Welchen Nutzen sehen Sie, wenn Werte in einem Veranstaltungsprojekt mit einbezogen werden? (Visualisierung mit Luftballons)

a. Glaubwürdigkeit
a. Motivation
b. Beständigkeit
c. Erfolg
d. Dankbarkeit
e. Nachhaltigkeit
f. Qualität
g. Kundenbindung
h. Gewinn
i. Innovation
j. Mehrwert
k. Stabilität
l. Innovation
m. Wiedererkennung
n. auf einem Luftballon war der Nutzen nicht zu identifizieren

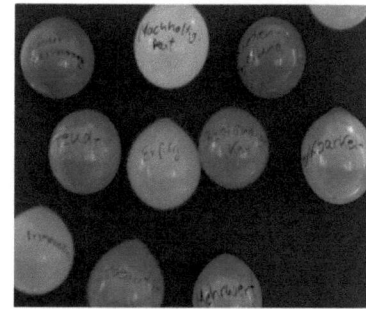

Abb. 9: Antworten auf Luftballons (Quelle: intergerma GmbH & Co. KG)

4. Mit welchen Hilfsmitteln können Sie sich vorstellen, dass so etwas Abstraktes wie Werte bei Veranstaltungen sichtbar gemacht werden können? (Visualisierung mit Laptop und Videobeamer)

   a. Visualisierung (von Ergebnissen) auf Leinwänden, die später im Unternehmen aufgehängt werden

   b. Pünktlichkeit einhalten, aus Respekt gegenüber dem Veranstalter

   c. Begrüßung, Eröffnung = Freundlichkeit

   d. Lob gegenüber dem Service, den Mitarbeitern öffentlich aussprechen

   e. Werte vorleben

   f. Maßvolle und konstruktive Kritik

   g. Marketingaktionen mit Charity-Charakter

   h. Freundlichkeit bei der Veranstaltung

   i. Respekt vor den Vortragenden

   j. Hochkarätige Atmosphäre bei der Veranstaltung als Wertschätzung gegenüber den Teilnehmern

   k. Freiräume schaffen, um Kritik, etc. äußern zu können

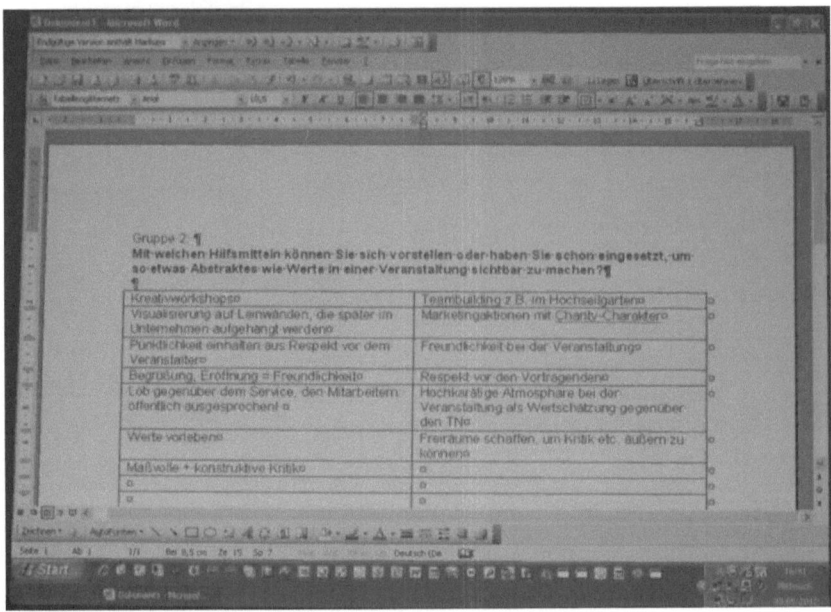

Abbildung 10: Antworten auf Leinwand mit Beamer
(Quelle: intergerma GmbH & Co. KG)

Fazit

1. Um werteorientierte Veranstaltungen inszenieren zu können, bedarf es zunächst einmal der Klarheit des Auftraggebers nicht nur über seine Veranstaltungs- und Kommunikationsziele, sondern auch über seine Unternehmenswerte.

2. Wenn Unternehmenswerte festgelegt sind, müssen diese über die gesamte Organisation bekannt gemacht und auch gelebt werden. Dies betrifft alle Ebenen des Unternehmens, bis hin zur Einbindung von Dienstleistern, die diese Werte unterstützen wollen und können.

3. Die Werte müssen als Leitgedanke ins Briefing der Veranstaltungskonzepte integriert werden und allen Mitwirkenden an der Veranstaltung als Richtschnur kommuniziert sein.

4. Je besser die persönlichen Werte der Mitarbeiter zu den Unternehmenswerten und ihren eigenen Aufgaben passen, umso glaubhafter und wirkungsvoller werden die Botschaften bei Veranstaltungen.

5. Nur durch Vorbild entsteht Glaubwürdigkeit.

6. Mit dem professionellen Know-how der Veranstaltungskunst gilt es, die Werte sichtbar zu machen. Dazu gehört die Locationwahl genauso wie die Wahl der Verkehrsmittel, die Dekoration, das Tisch-Setup, die technische Ausstattung, das Essen, die Programmgestaltung bis hin zur Auswahl der Künstler. Vermeintliche Nebensächlichkeiten wie die Garderobe und Toiletten gehören genauso zum Veranstaltungskonzept, wie die Kernbotschaften.

7. Die Fragestellung für jedes Gewerk der Veranstaltung lautet: „Wie können wir die Werte des Unternehmens/Auftraggebers erlebbar machen?". Wenn der Wert Nachhaltigkeit wichtig ist, dann ist es nicht passend, wenn argentinisches Rinderfilet im Menü steht und eine energiefressende Lichtshow zelebriert wird. Wenn der Wert Freude spürbar werden soll, dann muss es bereits beim Auftritt der Garderobiere spürbar werden, dass es ihr eine Freude ist, die Mäntel und Taschen entgegenzunehmen.

8. Wem es allerdings zu viel Mühe ist, auch auf diese Kleinigkeiten zu achten, wer nicht bereit ist, dafür zu investieren, sei es Gedanken oder auch Geld, dem wird es schwer fallen, eine werteorientierte Veranstaltung umzusetzen.

Literatur

Bruhn (2011, 8. Auflage), „Qualitätsmanagement für Dienstleistungen", Springer

Collins (2008, 8. Auflage), „Der Weg zu den besten", DTV, S. 247

Ion/Brand (2009), Motivorientiertes Führen. Führen auf Basis der 16 Lebensmotive nach Prof. Steven Reiss, Gabal, S. 308 ff.

Klare (2011), „Was bin ich wert", Suhrkamp

5 Was ist los im Incentive-Land? – Warum Incentives ohne (Mehr-)Werte wertlos sind

von Peter Cramer

„Sex-Orgie" und „Live-Porno für Herrn Kaiser" – mit diesen Schlagzeilen berichteten „Bild" und „Stern" über eine Incentive-Reise der HMI Versicherung (heute ERGO) nach Budapest. Geplant war sie als Belohnung für Top-Verkäufer des Unternehmens. Geblieben ist, als die Geschichte 2011 öffentlich wurde, ein katastrophaler Imageschaden für das Unternehmen und vermutlich ein schaler Nachgeschmack für den einen oder anderen Beteiligten. Mehr als ein Jahr nach dem Vorfall ist die ERGO Versicherung immer noch nicht aus den Schlagzeilen heraus und – schlimmer noch – drohen die Incentive-Branche und insbesondere die vielerorts beliebten Incentive-Reisen brutal Schiffbruch zu erleiden. Die Branche steckte 2012 fest in der Krise. Eine Krise mit ungewissem Ausgang.

Incentives werden zum Problem und nicht Teil der Lösung

Die Situation hat sich, auch angeheizt durch weitere Vorfälle, über solche nicht zuletzt der ehemalige Bundespräsident Wulff stolperte, drastisch verschärft. Die Unternehmen reagieren mit verschärften Compliance-Regeln für die Mitarbeiter, welche wenig Spielraum für Incentives und Events lassen. Die Folgen: immer mehr VIP-Lounges in Fußballstadien und auf Entertainment-Events bleiben leer. Incentives in Unternehmen werden kritisch hinterfragt und in ihrer Anzahl reduziert, gleich ganz eingestellt oder in Art und Umfang stark eingeschränkt.

Die zentrale Frage dabei: ist es überhaupt noch zeitgemäß an Incentives festzuhalten oder sind Incentives das Relikt einer antiquierten Unternehmenskultur, die in der heutigen Zeit nicht mehr gefragt ist? Sind Incentives in ihren bekannten und gängigen Formaten einfach nutzlos und sind sie das im Grunde immer schon gewesen? Schaut man sich das aktuell wertvollste Unternehmen der Welt, nämlich Apple an, so sucht man vergeblich die klassischen Incentive-Events oder -Reisen, mit denen Unternehmen glauben zu motivieren. Betrachtet man die Events von Apple zu ihren Produktpräsentationen ist schlicht festzuhalten, dass Apple von Event-Inszenierungen offensichtlich wenig hält.

Die Konkurrenten haben es da in der Vergangenheit deutlich lauter und kostspieliger „krachen lassen": vom getanzten Produktvorteil auf Messen bis zu Incentive-Maßnahmen der Superlative für den Vertrieb. Aber mit welchem finalen Ergebnis? Einige Anbieter sind längst vom Markt verschwunden und andere kämpfen ums Überleben. Blickt man auf ein weiteres mächtiges Unternehmen, nämlich Google, sucht man ebenfalls vergeblich nach den hinlänglich bekannten Incentive-Formaten. Google incentiviert seine Mitarbeiter sehr wohl. So übernimmt Google beispielsweise Arztrechnungen, oder den Frisörbesuch seiner Mitarbeiter, stellte Speisen und Getränke aber auch Elektroroller für die Freizeit. Incentive-Wettbewerbe als Belohnung für mehr Leistung sucht man jedoch vergebens. Haben diese Unternehmen das „incendere", das Motivieren, Anfachen und Begeistern von Mitarbeitern besser verstanden?

Das Incentive zerstört die Motivation

Incentives als Belohnungssystem werden nicht nur seit der Wirtschaftskrise 2009 vermehrt stark in Frage gestellt. Die durch langjährige Bonussysteme geprägte Gier ganzer Berufsstände, führt zu einem auf persönliche Bereicherung ausgerichtetes Handeln. Oftmals gegen das eigentliche Wohl des Unternehmens und hin zu einem egoistischen Umgang mit den eigenen Arbeitskolleginnen und -kollegen.

Die meisten Incentive-Verantwortlichen in Unternehmen und Agenturen halten – nicht zuletzt aus Angst um die Notwendigkeit ihres Arbeitsplatzes – an der Meinung fest, dass Incentive Anreize, als Belohnung für Ergebnisse, eine wirksame Steuerung der Mitarbeiterleistung im Sinne des Unternehmens sind. Genau das bezweifelt eine große Anzahl an Experten sehr stark. Die Schaffung von tatsächlich positiven Arbeitsplätzen und positivem Arbeitsklima wird von vielen Unternehmen verwechselt mit der stumpfen Ködermentalität solcher Incentive-Maßnahmen, so die einhellige Meinung.

Von Incentive-Anbietern und -Ausrichtern wird dagegen argumentiert, dass es bei solchen Maßnahmen maßgeblich darum geht „Motivation" zu schaffen und „Teamgeist" zu fördern. Das Wesen eines Incentives ist jedoch, dass eine Bedingung daran geknüpft ist und nur, wer diese Bedingung auch erfüllt – also z.B. eine bestimmte Umsatzspitze erreicht – kommt auch in den Genuss der Incentive-Leistung. Alle anderen aber nicht. Der Weg hin zum Incentive ist demnach von Egoismus derer, die sich um die Teilnahme bemühen, geprägt. Böse gesagt bedarf es deswegen tatsächlich dann Maßnahmen des Teambuildings beim Incentive. Nüchtern betrachtet ist damit die Incentive-Maßnahme zunächst einmal nichts anderes als ein Köder, eine vorgehaltene Möhre, die als extrinsisches (von außen angestoßenes) Motivationsmittel verwendet wird. Vergessen wird dabei, dass sich Motivation per se nicht antrainieren lässt. Man kann nicht von außen motivieren, sondern allenfalls Reize und Impulse setzten. Diese greifen aber völlig ins Leere, wenn nicht zumindest ein wenig Substanz bei dem Arbeitnehmer vorhanden ist. Daher sollte schon zu Beginn auf die grundsätzliche Motivation eines Bewerbers geachtet werden.

Zweifelsfrei ist, dass der Mensch ein bestimmtes Maß an Motivation benötigt, damit er handelt. Dieses Maß ist bei jedem Menschen stark unterschiedlich und resultiert aus der Summe von intrinsischer (von innen heraus) und extrinsischer (von außen angestoßener) Motivation. Daher können Incentive-Maßnahmen gar nicht die Handlungsschwelle aller Teilnehmer ansprechen, da die Maßnahmen nicht individuell auf die Motivations-Bedürfnisse des Einzelnen eingehen (können). Streng genommen ist alleine diese Tatsache ein K.O.-Kriterium für Gruppen-Incentives. Um gegenzusteuern erhöht man die extrinsische Motivation hin zu einem „Mega-" oder „ultimativen" Incentive. So wird die ausgelobte Incentive-Reise beispielsweise zu einem Ausflug, welcher an irdischen Highlights kaum mehr zu überbieten ist. Wiederholt man das mehrfach, ist nachweislich feststellbar, dass Mitarbeiter im Lauf der Zeit mehr und mehr nur noch darauf reagieren. Der Effekt: Abnutzung durch Gewöhnung tritt schnell ein, mit der Folge, dass die nächste Incentive-Maßnahme die vorherige überbieten muss. Willkommen im Teufelskreis und Glückwunsch an das Unternehmen, denn jetzt hat es Mitarbeiter, die nur noch reagieren, wenn es sich auch wirklich lohnt. Kaum ein Unternehmen (mal abgesehen, von den beiden oben im Text genannten) kommt auf den Gedanken, dass die Tätigkeit selbst motivierend sein kann, wenn man z.B. einen Arbeitsplatzumfeld entsprechend gestaltet. Setzt man auf extrinsische Motivation durch Incentives, um so das Verhalten der Mitarbeiter zu manipulieren, schädigt man nachweislich die intrinsische Motivation. Würde man die intrinsische Motivation der Mitarbeiter jedoch fördern, bräuchte es keine große extrinsische Motivation mehr. Das ist so jedoch in den meisten Unternehmenskulturen nicht gegeben, daher hält man an Incentive-Maßnahmen als extrinsische Motivationsmittel tapfer fest.

Vergessen wird dabei, dass der Teilnehmer, also Arbeitnehmer, kein Dummkopf ist und das System schnell durchschaut. Er weiß genau, dass ihm – gleich einem Esel – von seinem Arbeitgeber eine „Möhre" vor die Nase gehalten wird, so wie eine Wurst, die man einem Hund hinhält, damit dieser brav „Platz" macht. Allein das wirkt sich schon stark auf Einstellung, Verhalten und Loyalität gegenüber dem Arbeitgeber aus. Das Unternehmen erreicht damit im Grunde genau das Gegenteil von dem, was es durch die Maßnahme eigentlich erreichen wollte.

Champagner und Erdbeeren

Schaut man sich die Incentive-Formate einmal genauer an, findet man schnell und oft ein einfaches und immer gleiches Muster, welches das Ergebnis einer permanenten Steigerung ausgeprägter extrinsische Motivation ist: nämlich Luxus. Mag es an der Einfallslosigkeit der Entscheider, an dem Festhalten fester Gewohnheiten oder an einer mangelhaften Beratungsleistung der Event- und Incentive-Agenturen liegen, dass sich häufig ein Incentive – insbesondere als Maßnahme zur Motivation eines Vertriebs – über den Faktor Luxus definiert. Das ist auch immer der leichteste Weg, denn Luxus gegenüber versperrt sich niemand, Luxus ist angenehm und im Zweifel macht der Event- und Incentive-Entscheider eines Unternehmens damit eben am wenigsten falsch. Glaubt zumindest sie oder er...

Da die nationalen Ressourcen an Luxus-Destinationen nur bedingt groß sind, finden Incentives sehr gerne an entsprechenden Orten im Ausland statt. Die Anforderungen an die Destinationen sind dabei einfach: die Unternehmen fordern schlicht immer nur das Beste. Egal ob Griechenland, Malta, Sardinien, Spanien, Frankreich oder wo auch immer: die Anbieter von Destinationen, Location-Betreiber und Hoteliers bekommen zumeist immer nur das eine zu hören: für uns bitte nur das Beste!

Die Hoteliers und Dienstleister vor Ort erfahren dabei allerdings in der Regel mehr als die Betroffenen selbst, denn die erfahren nicht selten erst am Flughafen, wohin die Reise überhaupt geht. Die Badehose brav im Gepäck – stand das doch so in der geheimnisvollen „Mystery-Einladung" der Agentur. Viele Unternehmen versäumen es dabei, aus Betroffenen echte Beteiligte zu machen – sieht man mal von häufig albernen Teambuilding-Spielchen vor Ort ab, die gerne als Alibi hinzugebucht werden und niemals alle Teilnehmer ansprechen (können). Die Teilnehmer werden ja zumeist nicht einmal gefragt, sondern vor vollendete Tatsachen gestellt. Im Grunde wollen die Unternehmen nicht einmal wissen, ob eine Incentive-Maßnahme auch im Sinne derer ist, die sich durch besondere Leistungen darum bemühen sollen. Das ist sie nämlich so gut wie nie. Und dies will ein Event- und Incentiv-Entscheider im Unternehmen im Zweifel auch gar nicht erst in Frage stellen, denn, bis auf luxuriöse Eventreisen, hat dieser zumeist nichts weiter in seinem Portfolio anzubieten. Würden die Teilnehmer andere Formen von Motivation einer Incentive-Reise vorziehen, so würde unweigerlich damit auch die Event- und Incentive-Abteilung in ihrer Daseinsberechtigung im Unternehmen in Frage gestellt. Immerhin ein Arbeitsplatz der – inhaltlich so gestaltet – die Mitarbeiter regelmäßig an sehr schöne Fleckchen dieser Welt bringt, auch ohne dabei die geforderten betrieblichen Leistungshürden, die zur Teilnahme berechtigen, überspringen zu müssen – und das soll doch bitteschön gerne auch so bleiben...

Bleibt es aber nicht. Die Formate sind so nicht leistungsstark genug und wie eingangs erläutert bewirken sie – so wie sie zumeist umgesetzt werden – bei den Teilnehmern genau das Gegenteil. Und nicht nur das, sie befeuern eine Unternehmenskultur, deren Symptome oft Mitarbeiter-Mobbing und -Burn-Outs sind.

Aktuell werden Incentives in ihrer bekannten Form in vielen Unternehmen gestrichen und das zu Recht. Es ist dringend an der Zeit, das Incentive grundlegend zu überdenken. Das heißt keinesfalls, dass dabei das Thema Reisen – insbesondere ins Ausland – auf den Prüfstand gestellt werden muss, aber, dass die Formate und dabei auch das Wie, das Warum und das Wieso überdacht werden sollten. Viele halten in der jetzigen Form dem Rotstift nicht stand.

Triumph der Albernheit

Was machen die Agenturen? Können die es denn auch nicht besser? Nein, die wollen es nicht besser, denn gerade in der Incentivebranche ist es üblich, dass Agenturen maßgeblich an den Vermittlungsprovisionen verdienen. Je mehr Teilnehmer und je exklusiver Hotel und Speisen, umso lauter klingelt es in der Kasse, denn an jedem Bett, jeder Mahlzeit und jedem Segelboot wird kräftig mitverdient. Da wird gerne in die gleiche Kerbe gehauen und dem Kunden exklusive Hotels, opulente Gala-Dinner und kostspielige Pop-Sternchen offeriert und als „State of the Art" und „Must Have" verkauft. Und wenn im Grunde alle dasselbe anbieten, muss es doch, so denkt der Kunde letztendlich, auch das Richtige sein.

Nein, das ist es nicht. Auch ein Kunden-Incentive mit dem größten vorstellbaren Aha-Erlebnis ist noch längst keine Kundenbindung. Ein Mitarbeiter-Incentive auf einem dafür eigens gecharterten Kreuzfahrtschiff wirft schnell die Frage nach immer weiteren und weiteren Steigerungen auf, bis am Ende die manifestierte Albernheit der Maßnahme über die eigentlichen Incentive-Ziele triumphiert.

Incentives für den Strukturvertrieb mit Multi-Level-Marketing sind längst zu einer modernen Fassung des aus dem Römischen Reich bekannten „Panem et Circenses" (Brot und Zirkusspiele) mutiert. Hierbei werden nicht selten in Arenen Tausende von „Strukkis" mit amerikanischen Filmstars und internationalen Top-Ten-Musikern unterhalten und letztendlich mit Dekadenz und einer daraus resultierenden Sehnsucht angepeitscht. Das Ganze hat Sekten-Charakter und erinnert stark an Gehirnwäsche – was es meiner Meinung nach auch ist. Recherchiert man hierzu das ein oder andere Unternehmen im Internet, stockt einem schlichtweg der Atem, wenn man sieht, wie viele Millionen diese Unternehmen in Incentives für ihren Strukturvertrieb stecken. Das lässt ahnen, wie es um die tatsächlichen Werte solcher Unternehmen bestellt ist. Hier wird das Incentive den Teilnehmern als Illusion ihres persönlichen Erfolges vorgegaukelt. In der Realität allerdings beschäftigen Strukturvertriebsunternehmen regelmäßig die Sektenbeauftragten der Bundesländer. So bietet z.B. die Sekten-Info NRW konkrete Hilfe und Beratung zu dem Thema Strukturvertrieb und nennt gleich einige Unternehmen beim Namen. Bei diesen Unternehmen spielen die Begriffe Unternehmenskultur und -werte keine Rolle; sie sind von Gier geprägt und erzielen ihre Profite durch das systematische Verheizen von Menschen. Hier wird es höchste Zeit, dass das Internet diese Machenschaften transparent macht und an den Pranger stellt, denn...

...wir wissen, was Du auf dem letzten Incentive gemacht hast!

Letztendlich sind diese Incentive-Formate aber auch unter einem ganz anderen Aspekt ein gefährliches Unterfangen und können für ein Unternehmen schnell zu einem bösen Bumerang werden. In der heutigen transparenten Web 2.0 Welt, wo immer mehr online publiziert wird, füllen sich Plattformen wie Facebook und Videokanäle wie YouTube schnell und stetig mit Incentive-/Event-Bildern und -Videos – zumeist von berauschten Teilnehmern gepostet. Das, was bisher hinter verschlossenen Türen stattfand, wird zunehmend öffentlich und im Internet verbreitet. Unternehmen laufen dabei akute Gefahr eines Reputations- und Imageschadens in bisher nicht bekanntem Ausmaß, nämlich dann, wenn solche Bilder, Videos und Kommentare eine öffentliche Meinung prägen und für das Unternehmen unliebsame Fragen aufwerfen.

Gerade hier kann ein Incentive, welches außer „Saus und Braus" kaum oder keinen weiteren Inhalt hat, fehl- und falsch interpretiert werden. Es war das Internet, welches den Budapestskandal erst zu einem handfesten Problem für die ERGO aufbaute. Das Internet ist natürlich nicht schuld, verantwortlich sind alleine die Unternehmen und die Agenturen. Die sollten verstehen, dass sie es sind, die mit jedem weiteren stumpfen Festhalten an den gelebten Incentive-Formaten auch zu einem weiteren Spatenstich am Incentive-Massengrab beitragen. Sie schaden sich letztendlich selbst und werden zu den Totengräbern einer der stärksten aller Kommunikationsformen, nämlich der von Angesicht zu Angesicht. Und damit richten sie sich auch letztendlich selbst hin. Das Internet trifft keine Schuld, es reicht hierbei nur den Spaten.

Doch wie geht es nun weiter?

Incentives und auch Incentive-Reisen sind selbstverständlich gute Maßnahmen zur Kundenbindung und Mitarbeitermotivation. Sie jedoch richtig zu machen, ist viel schwieriger, als allgemein angenommen. Das Handlungsmuster Luxus ist dabei sicherlich nicht oder zumindest nicht immer der richtige Weg. Das mag schön einfach sein, ist aber mit Blick auf höhere und weitere Unternehmensziele vielleicht gänzlich ungeeignet.

Warum ist ein Incentive einer Versicherung, die volksnah ist, nicht auch volksnah? Weil das die Teilnehmer vermutlich nicht „anfeuern" und „anheizen" würde? Unsinn, die Teilnehmer wurden ja dazu nicht einmal gefragt. Entschieden wurde das über ihre Köpfe hinweg. Warum eigentlich? Ein Unternehmen kann in einer Ferienhausanlage in der Bispinger Heide vielleicht für sich und seine Mitarbeiter nachhaltig mehr erreichen als in einem 5-Sterne-Hotel in Ischgl. Ein Incentive in einer französischen Landregion bei Straßburg kann besser zu einem Unternehmen passen, als der Paddock's Club beim Formel 1 Rennen in Monaco – und dabei durchaus ebenso spannend sein. Genau hier liegt ein Schlüssel für zukünftige erfolgreiche Incentives: eine konsequentere Ausrichtung an den Zielen des Unternehmens und den Bedürfnissen der Betroffenen. Werte und Mehrwerte gewinnen an Bedeutung.

Was muss sich ändern?

Zunächst einmal bedarf es in den Unternehmen an Mut, bestehende Incentive-Formate und Ausprägungen zu hinterfragen – insbesondere mit Blick auf die möglichen, aus dem Incentive resultierenden Darstellungen im Internet und dann in der Presse. Es empfiehlt sich, hierzu externe Beratung einzuholen. Auch gilt es die Agenturen, die man beauftragen möchte, kritisch zu hinterfragen.

Besonders die Event- und Incentive-Agenturen sind sehr stark gefordert ihr Beratungsprofil deutlich zu schärfen, bzw. ein solches aufzubauen und gegebenenfalls auch ihr betriebswirtschaftliches Modell zu überdenken. Aktuell ist eine objektive und gute Beratungsleistung in Deutschlands Incentive- und Event-Landschaft schlichtweg Mangelware. Wie viel Wert ist die Beratung von jemandem, der letztendlich an allen ausgesprochenen Empfehlungen kräftig mitverdient?

Schon gar nicht gehört die Konzeption von Incentives und Events in die Hände von Dienstleistern wie Hotels oder Technikfirmen. Denn was, außer zuerst ihre eigenen Leistungen und Produkte, wollen und können sie anbieten? Die Folge: der Markt ist völlig überschwemmt mit immer gleichen Formaten – das ist auf Dauer garantiert langweilig. Unternehmen, die dabei schlau argumentieren, sich so eine Agentur zu sparen, grüßen damit nicht nur das Milchmädchen, sondern handeln auch fahrlässig.

Incentives müssen sich neu erfinden

Es ist sicherlich an der Zeit, dass sich Incentives ein Stück weit neu erfinden. Die Welt dreht sich weiter und die Anforderungen an ein Incentive sind globaler geworden. Auch Incentives in einem Unternehmen müssen sich einer integrierten Kommunikation stellen – real und online. Bei letzterem nicht selten über Jahre, denn das Internet vergisst nicht. Mit dieser neuen Transparenz – gerade bei Incentives und Events – müssen viele Unternehmen erst noch lernen umzugehen. Anstatt sich dieser Herausforderung zu stellen, haben viele Unternehmen schlichtweg Angst und halten krampfhaft an alten Regeln fest. Das ist falsch.

Das Incentive wird, wie das Event auch, nur überleben, wenn es sich der zunehmenden Digitalisierung stellt, und das ist nur eine von vielen künftigen Herausforderungen. Der Inhalt eines Incentives bekommt, mit Blick auf Unternehmenskommunikation und Marketing-Strategie, einen höheren Stellenwert. Incentives und Events gehören hier stärker integriert und die Abteilungen dem Marketing stärker unterstellt.

Nach wie vor werden mit und durch Incentives Teilnehmer an viele spannende Orte dieser Welt reisen. Eine andere Incentive-Wahrnehmung wird zukünftig aber auch viel mehr Destinationen als bisher in den Blickwinkel der Teilnehmer rücken und vielleicht für mehr Incentives in Unternehmen sorgen. Damit öffnet sich insbesondere für die Reisebranche und viele Destinationen ein Füllhorn voller Möglichkeiten und Chancen. Unternehmen sollten sich auf die Suche danach machen, wenn sie über Incentives nachdenken. Agenturen, Destinationen und Reiseveranstalter sollten darauf reagieren. Mit ein bisschen mehr Mut für Neues wird die Incentive-Zukunft goldiger – besonders für Unternehmen, aber auch für die Reisebranche und Agenturen.

6   Von Abstürzen und Missverständnissen –
Was die MICE-Industrie von Piloten lernen kann

von Peter Brandl

Was haben Piloten für Werte, und was hat das Ganze mit der MICE-Industrie zu tun? Eine Menge. Piloten müssen und wollen sicher ans Ziel kommen. Um diese Sicherheit dauerhaft zu erreichen, braucht es eine ganz bestimmte Einstellung und ganz bestimmte Verhaltensweisen. Man nennt das in der Fliegerei *Airmanship* und *Standard Operational Procedures*. Unter dem Strich sind das genau die Werte, auf die es ankommt, um in jedem anspruchsvollen Business hervorragende Leistungen bringen zu können. Was kann nun die MICE-Industrie von Piloten lernen? Einiges, denn die Fliegerei und MICE haben viel gemeinsam.

In der gesamten weltweiten Luftfahrt gab es im Jahr 2012 weniger als 500 tödlich verletzte Personen. Weltweit bedeutet: inklusive Afrika und Sibirien. Diese Zahl wird aber erst verständlich, wenn man sie in Relation zu anderen Größen setzt. Im gleichen Jahr gab es mehr als 5 Milliarden Passagiere. Das sind 13.700.000 pro Tag oder 158 Menschen, die pro Sekunde ein Flugzeug besteigen.

Überträgt man diese Statistik auf den internationalen Meeting- und Geschäftsreisemarkt, dürfte eigentlich nie etwas schief gehen. Eine komplexe Branche, die täglich weltweit Tagungen, Kongresse und Veranstaltungen verschiedenster Art stattfinden lässt, die aber auch von Stress, Zeitdruck und nicht vorhersehbaren Problemen geprägt ist. MICE-Manager müssen Logistiker, Techniker, Caterer und viele weitere Zulieferer anweisen. Und sie müssen Kunden und Sponsoren mit perfektem Ablauf und exzellentem Programm zufriedenstellen. Sowohl in der Tagungswirtschaft als auch in der Luftfahrt sind viele Menschen am Gelingen von großen Projekten beteiligt: Flugzeuge werden von Menschen gesteuert und Veranstaltungen von Menschen organisiert. Der Faktor Mensch ist aber eine Größe, die nicht immer vollkommen planbar agiert und beherrschbar ist. Kommt es in der Luftfahrt zu einem Unfall, muss in über drei Viertel der Fälle die Ursache auf „menschliches Versagen" und nicht auf Materialfehler oder andere Faktoren zurückgeführt werden.

Dafür ist die Flugzeugkatastrophe vom November 2001 ein trauriges Beispiel: Eine Crossair-Maschine zerschellte beim Anflug auf Zürich im Wald und 24 der 33 Insassen starben. Die eingeleitete Untersuchung ergab eine Reihe von ungünstigen Umständen: Die Flugüberwachung war unterbesetzt, das Kartenmaterial veraltet und der Copilot traute sich nicht, dem Piloten zu widersprechen. Den gravierendsten Fehler machte allerdings der Pilot selbst, indem er systematisch alle Warnsignale missachtete. Dieser erfahrene Kapitän, mit fast 20.000 Flugstunden, flog trotz Schneetreiben und Nebel „auf Sicht", unterschritt die vorgeschriebene Flughöhe und ignoriert die elektronischen Warnungen – wie konnte das passieren?

Das vorgegebene Landemanöver gehört zum fliegerischen Standardrepertoire. Wichtig dabei ist, dass das Flugzeug bestimmte Mindesthöhen einhält und nicht zu schnell sinkt, da nur so gesichert ist, dass der Flugweg frei von Hindernissen ist. Der Crossair-Pilot setzte sich aber über alle Warnsysteme an Bord hinweg. Die Anfluggeschwindigkeit betrug 140 Knoten, also etwa 250 Stundenkilometern. Und obwohl er keinen Sichtkontakt zur Landebahn hatte, unterflog er immer wieder die Sicherheitsmindesthöhen. Viel zu spät entschloss er sich, noch einmal durchzustarten. Bei diesem Manöver berührte die Maschine bereits die Bäume und stürzte dann in den Wald. Das Flugzeug fing sofort Feuer. Unter den Opfern befanden sich auch die beiden Piloten.

Auch bei jeder Veranstaltung, die die Besucher unterhalten und begeistern soll, kann es zu unschönen Pannen kommen. Manchmal sind es vielleicht nur lästige Kleinigkeiten, wie ein langweiliges Buffet oder ein Ablauf, der nicht planmäßig ist. Aber manchmal sind es Pannen, die einem Absturz gleichen. Immer wieder kommt es bei Veranstaltungen zu tragischen Unglücken, bei denen die freudige Party in einer Tragödie endet. Jedem Veranstalter muss bewusst sein, dass er mit einer Veranstaltung Risiken unterliegt, diese manchmal sogar selbst erst schafft.

Eine der schlimmsten Tragödien bei Großevents ereignete sich während der Loveparade 2010 in Duisburg, als bei einer Massenpanik 21 Menschen starben und hunderte verletzt wurden. Im Zugangsbereich der Veranstaltung kam es aufgrund fehlgeleiteter Besucherströme und Planungsfehlern zu einem Gedränge unter den Besuchern. Natürlich werden solche Massenveranstaltungen so geplant, dass ein einzelnes Problem nicht gleich ein Desaster auslöst. Bei der Loveparade kamen jedoch viele Dinge zusammen: die verspätete Öffnung des Festivalgeländes; der Rückstau am Rampenkopf, wo die Fans nicht aufs Gelände kamen; fehlende Notausgänge, ineffektive Notfallpläne. Während der Veranstaltung wurden die ersten Warnzeichen der Katastrophe nicht erkannt: Als die Menschen anfingen über Zäune zu klettern und die Böschungen hoch liefen, war die Situation bereits kritisch. Viele Signale, die man als Warnzeichen hätte deuten können, sind nicht rechtzeitig bemerkt oder falsch interpretiert worden. Es gab keine eindeutigen Regelungen, mit denen Veranstalter und Sicherheitskräfte auf die brenzligen Frühwarnsignale schneller hätten reagieren können.

Ob Tragödien mit dieses Ausmaßes oder Vorfälle, bei denen es bei einer Beinah-Katastrophe bleibt, oder ob ein Seminarleiter extrem unzufrieden ist und die Folgeveranstaltungen storniert, fast immer sind die Missgeschicke auf Menschen zurückzuführen. Im Grunde weiß jeder, wie leicht Fehler entstehen. Texte, Modellrechnungen, Kalkulationen werden etliche Male überprüft und diskutiert, bis man sicher ist, dass nirgends Fehler stecken. Und dann kommt das große Staunen, wenn einem der Fauxpas nachher förmlich ins Auge springt.

Dass die Sicherheitsstatistik der Luftfahrt so beeindruckend ist, hat ihren Grund. Seit Jahrzehnten arbeitet und forscht die Luftfahrtindustrie daran, die Sicherheit weiter zu verbessern. Man ist sich darüber im Klaren, dass immer Fehler gemacht werden. Fehler passieren. Es geht aber darum, dass sie so selten wie möglich passieren und dass ihre Auswirkungen so gering wie möglich sind. Diese Forschung findet ihren Niederschlag in einer Reihe von ganz konkreten Werten und Konzepten. Die Schlüsselfrage lautet: „Welches sind die Faktoren, die katastrophale Konsequenzen nach sich ziehen?" In der Fliegerei beschäftigt sich das sogenannte *Crew Resource Management* mit diesem Thema. Spannend ist, dass sich viele Fragen und Antworten fast eins zu eins auf die MICE-Industrie übertragen lassen.

Crew Resource Management und der menschliche Faktor

Der Begriff „menschliches Versagen" ist hier schon mehrfach erwähnt worden. Doch der Mensch versagt nicht, der Mensch funktioniert. Wir funktionieren so, wie wir konstruiert sind. Und wir sind nicht dafür konstruiert, uns in einer Blechdose mit berserkerartiger Geschwindigkeit durch den Himmel zu bewegen. Ebenso wenig sind wir dafür konstruiert, mit einem Knopf im Ohr, zwei Handys und mindestens einem Funkgerät mehrere Mitarbeiter zu dirigieren. Bei der Auseinandersetzung mit diesen „menschlichen Faktoren" kann man verschiedene Schwerpunkte herausarbeiten. Entscheidend ist die Fehlerkommunikation im Cockpit. Als trauriges Paradebeispiel diente seinerzeit der Fall, in dem ein Copilot und ein Flugingenieur es über einen längeren Zeitraum vermieden, ihren Kapitän direkt auf den sichtlich knapp werdenden Treibstoffvorrat hinzuweisen. Es kam zum Absturz.

Obwohl Kapitäne wie auch Copiloten hervorragendes technisches Wissen und fliegerisches Können besaßen, ging ihre Fähigkeit, den anderen auf Fehler anzusprechen und diese womöglich im Team zu lösen, gegen Null.

Als Gründe wurden das Autoritätsgefälle zwischen dem Kapitän und den übrigen Besatzungsmitgliedern angeführt, ebenso wie die Ausbildung der Piloten, die keine Teamarbeit vorsah. Komplexe, standardisierte Notsituationen, wie ein Triebwerksbrand während des Startvorgangs, konnten Piloten hervorragend bewältigen. Sollten sie jedoch in außergewöhnlichen Situationen zusammenarbeiten, war die Effektivität der Krisenkommunikation fraglich. Die Entscheidungen des Kapitäns galten als unanfechtbar.

Deshalb wurde das *Crew Resource Management* entwickelt und seit Mitte der neunziger Jahre auf weitere Bereiche des Flugbetriebs übertragen. Heute ist das CRM-Konzept ein zentraler, weltweit gesetzlich vorgeschriebener Bestandteil der Aus- und Weiterbildung von Flugzeugbesatzungen. CRM soll das Bewusstsein dafür schärfen, dass neben dem technischen Verständnis an Bord eines Luftfahrzeugs (Technical Skills) auch die Kommunikation und die Beziehungen zwischen den Crew-Mitgliedern entscheidend sind, um kritische Situationen zu meistern. Ein wichtiges Element von CRM ist die Nutzung und Weitergabe von allen wichtigen Informationen innerhalb der Besatzung, sowohl zwischen den Piloten als auch im Zusammenspiel zwischen Cockpit- und Kabinenbesatzung.

Angesichts dieser Erfolgsgeschichte verwundert es nicht, dass andere sicherheitsrelevante Branchen auf die Erkenntnisse aus der Luftfahrt aufmerksam wurden. So haben zum Beispiel US-Krankenhäuser CRM-Programme eingeführt. Die Seeschifffahrt und der Schienenverkehr diskutieren den Nutzen von CRM-Trainings. Auch für Weltraum-Langzeitmissionen wird der Einsatz in Erwägung gezogen. Überall, wo Menschenleben auf dem Spiel stehen, scheint die Bereitschaft groß, potenzielle Fehlerquellen aufzuspüren und die Zusammenarbeit zu verbessern.

Aber müssen erst Menschen in Gefahr sein, um den Untiefen menschlichen Reagierens und Handelns gezielt und umsichtig zu begegnen? Die gleichen Reaktionsmuster, Wahrnehmungsfehler und Kommunikationspannen, die Flugzeuge abstürzen lassen, entfalten auch in einem Unternehmen der MICE-Branche ihre gefährliche Wirkung. Dort kosten sie zwar nicht Leben, meistens aber viel Geld und häufig Arbeitsplätze. Ein durchdachtes sogenanntes *Company Resource Management* könnte dem ähnlich wirksam entgegensteuern wie das CRM den Crashs in der Luftfahrt. Das A und O für ein konstruktives Fehlermanagement ist, dass dieses fest in der Unternehmenskultur verankert wird. Da, wo Fehler grundsätzlich als Schande gelten, als unverzeihliche Anzeichen persönlicher Unzulänglichkeit und des Versagens, hat das CRM und damit das Fehlermanagement keine Chance. Moderne Unternehmenskulturen sollten Fehler also als Teil menschlichen Handelns akzeptieren.

Mit klarer Wertestruktur zur Höchstleistung

Innerhalb der Luftfahrt-Community gibt es viele Definitionen für den Begriff *Airmanship*. Es handelt sich um einen Mix aus Prozessen, der persönlichen Einstellung, den eigenen Fähigkeiten. Für jeden Piloten bildet *Airmanship* die Grundlage für sein Handeln, denn hier sind die Werte der Fliegerei definiert.

Disziplin bildet die Basis für gutes *Airmanship*. Das bedeutet, dass jeder Pilot seine eigenen Wünsche und Bedürfnisse, vor allem aber sein Ego, hinter die Anforderungen einer sicheren Flugdurchführung zurückstellt. Ebenso gehört dazu Selbstreflexion und das Auseinandersetzen mit den eigenen Stärken und Schwächen. Es führt kein Weg daran vorbei, dass jeder Pilot systematisch seine Fähigkeiten ausbaut und in Übung bleiben muss. Selbst für extrem erfahrene Piloten ist permanentes Training eine Selbstverständlichkeit. Fundiertes Wissen zu den Themen Luftfahrzeug und Technik, Persönlichkeit und Teamarbeit, aber auch Umwelt und Effizienz, wird vorausgesetzt. Denn erst dieses Wissen macht mögliche Risiken bewusst und ermöglicht damit ein ausgeprägtes Situationsbewusstsein. Und das wiederum führt zu einem guten Urteilsvermögen und Entscheidungsfähigkeit.

Eine gute Flugbesatzung analysiert die Situation permanent und beurteilt die Situation aufgrund der in permanentem Training erworbenen Erfahrungen. Zu diesen Erfahrungen zählen auch die Erfahrungen anderer Crews. Man muss nicht jeden Fehler selber machen. In der Luftfahrt werden Unfälle aufwendig analysiert. Piloten diskutieren diese Unfälle in CRM-Seminaren und ziehen ihre Schlüsse, so dass sich ein Fehler möglichst nicht wiederholt.

Auch bei Kongressen und Events passieren Fehler. Doch wie genau wird diesen Fehlern auf den Grund gegangen? Ist die letzte geplatzte Veranstaltung oder der Meeting-Gau mit dem Team analysiert worden? Ein zentraler Wert im CRM ist, sich selbst in Frage zu stellen und nicht so zu tun, als wäre man unfehlbar. Nur so hat man selbst die Chance zur Weiterentwicklung.

Ein hervorragendes Beispiel für vorbildliches *Airmanship* ist die Notlandung des US-Airways-Flugs 1549 am 15. Januar 2009 auf dem Hudson River. Der Flug war noch im Steigflug, als das Flugzeug auf einer Höhe von weniger als 1.000 Metern mit einem Gänseschwarm kollidierte und beide Triebwerke ausfielen. Diese Situation, völliger Antriebsverlust in geringer Höhe, ist eine absolute Katastrophe. Natürlich fällt das Flugzeug nicht wie ein Stein zu Boden, doch es wird zum Segelflugzeug. Und ein Airbus ist kein besonders gutes Segelflugzeug. Und hier kommt ein weiterer Aspekt des *Airmanship* ins Spiel. Professionelle Piloten übernehmen Verantwortung und orientieren sich immer am Möglichen. Die Entscheidung der Crew folgte also der Frage: „Was können wir jetzt tun?". Es ging nicht darum, wer diesen Mist wieder verbockt hat. Es ging auch nicht darum, wie gut die Chancen waren, eine Notwasserung auf einem Fluss voller Hindernisse heil zu überstehen. Es ging darum, sich an dem zu orientieren, was in der akuten Situation möglich ist.

Die Übertragung auf den MICE-Bereich liegt auf der Hand. Auch hier müssen sich die Verantwortlichen bei akut auftretenden Problemen daran orientieren, was in der Situation machbar ist. Das klingt selbstverständlich, doch im Geschäftsleben werden Verantwortlichkeiten oft hin und her geschoben. Da folgt auf eine Orgie von Schuldzuweisungen blinder Aktionismus. In welchem Unternehmen gibt es Notfallpläne und Checklisten? Wer kennt die Sicherheitsmindesthöhen bei denen man die Reißleine ziehen und Plan B in Kraft setzen sollte? Natürlich: die Crew am Hudson River hatte unglaubliches Glück. Natürlich: die Piloten waren extrem erfahren und routiniert. Und dennoch: ein Hauptgrund für den glücklichen Ausgang der Hudson-Landung war, dass sich die Piloten schon lange vorher immer wieder mit dem „Was wäre wenn" auseinander gesetzt haben und das sie dann, als es darauf ankam, ihre Checklisten und Notfallpläne dabei hatten und diese auch benutzten.

Sicherlich braucht man dafür ein gerüttelt Maß an Selbstreflexion. Divenhafte Egomanen im Cockpit würden wahrscheinlich in die Katastrophe fliegen. Doch Diven und Egomanen gibt es ja in der MICE-Industrie Gott sei Dank nicht.

Airmanship ist eine sehr persönliche Qualität, und die Fähigkeiten variieren bei jedem Einzelnen. Allerdings ist das Führen von Flugzeugen mehr als das Anwenden von erforderlichen Fähigkeiten und Kenntnissen. Es bedarf auch einer besonderen persönlichen Einstellung. Und dazu gehört eben auch das Streben nach optimaler Performance zu jeder Zeit. Diese Einstellung und dieses Streben ermöglicht Piloten ein verantwortungsvolles Verhalten.

Alle diese Werte – Disziplin, Fachwissen, Qualifikation, Urteilsvermögen und Entscheidungsfähigkeit –, die der Pilot im Rahmen eines guten *Airmanship* beherzigt, sollten auch für MICE Richtlinie und Orientierung sein. Ein MICE-Manager muss sich entwickelnde Risiken möglichst früh richtig einschätzen und im Auge behalten, um sie rechtzeitig und wirksam abwehren zu können. Nur so kann vorausschauend reagiert werden. Nur so hat man Sicherheitsreserven, die vor Überraschungen schützen.

Wenn man Menschen fragt, ob sie Werte haben, antworten die meist spontan, manchmal fast schon empört: „Selbstverständlich!" Fragt man dann weiter, welche das denn seien, wird es schon deutlich dünner! Dabei bestimmen Werte unser Handeln. Wenn man sich der Werte nicht bewusst ist, woran soll man sein Handeln dann ausrichten? Auch Unternehmen sollten sich zunehmend Maßstäbe setzen, die über die Erreichung von Finanzzielen hinausgehen. Werte liegen auf der Schnittstelle zwischen Organisation und Gesellschaft. Und sie sind das Ergebnis kommunikativer Prozesse. Professionelle vorbildliche Kommunikation im Unternehmen muss ein guter Vorsatz für Führungskräfte sein. Nur wenn ein MICE-Manager sensibel für die Untiefen der Kommunikation ist, kann er gelassen reagieren und das gegenseitige Verstehen fördern.

Jeder weiß, wie schwer es trotzdem ist, Missverständnisse zu vermeiden. Wie oft kommt es vor, dass man im Eifer des Gefechts Dinge sagt, die einem hinterher leidtun. Wahrscheinlich ist die häufigste Form menschlicher Kommunikation das Missverständnis. Der gegenseitige Austausch ist sehr komplex und damit auch anfällig für Fehlinterpretationen. In der Fliegerei hat man daraus eine radikale Konsequenz gezogen: Die Kommunikation im Cockpit beruht auf Checks und Gegenchecks. Interpretationen und Andeutungen wird kein Platz gelassen. Dadurch sind die Missverständnisse des „normalen" sprachlichen Umgangs in jedem Falle minimiert.

Kommunikation intern – Emergency Signals erkennen

In jedem Cockpit befinden sich viele Warnlampen und Kontrollinstrumente. Für jedes System, das in einem Flugzeug kaputtgehen kann, gibt es im Cockpit ein oder mehrere Warnsignale. Das Emergency-Signal schlägt Alarm und warnt die Crew, die dann sofort die geeigneten Maßnahmen einleiten kann. Jedes Crewmitglied ist genauestens darin trainiert, was in einem Notfall zu tun ist.

Doch welche Emergency-Signale gibt es in Unternehmen? An welcher Stelle wird hier signalisiert, dass etwas aus dem Ruder läuft? Wenn Ziele nicht erreicht werden können? Woran bemerkt das Management, dass dringender Handlungsbedarf besteht? Es gibt auch in Unternehmen Indikatoren, die als Emergency-Signal gewertet werden können, weil sie anzeigen, dass man auf eine Schieflage zusteuert. Und es gilt, diese zu erkennen und gegenzusteuern. So ein Signal kann zum Beispiel sein, dass mit dem Chef nicht mehr kommuniziert wird. Das kann sich darin äußern, dass der ewig nörgelnde Mitarbeiter plötzlich gar nichts mehr sagt und kann bis zu dem Stadium gehen, in dem Management-Informationen gezielt vorenthalten werden. Oft sind Mitarbeiter aber auch nur unsicher, wie weit sie gehen können und wie sie Unzufriedenheit und Probleme ansprechen sollen. Die Vorgesetzten sehen hingegen keine Notwendigkeit für ein Gespräch oder scheuen sich vor der Auseinandersetzung. Doch gar nichts zu sagen ist die falsche Strategie, weil genau hier Missverständnisse entstehen, die rechtzeitiges Handeln verhindern. Wichtige Indikatoren für einen Notfall sind ein stockender Informationsfluss und fehlende Rückmeldungsschleifen. Im Unternehmen können sich kleine Kommunikationspannen zu großen Problemen hochschaukeln. Und fast immer ist für die dramatische Schieflage ein Fehler im Unternehmenscockpit verantwortlich.

Wie viel kosten Missverständnisse und welche Folgen hat es für Ihr Unternehmen, wenn Kommunikation nicht funktioniert? Wenn die Kommunikation im Unternehmen nicht klappt, läuft schnell Vieles aus dem Ruder. Es gilt, negative Kommunikationsroutinen, wie Ausschweigen und Jammern, zu unterbinden und ein lösungsorientiertes Miteinander zu fördern.

SOPs – Checklisten für alle Mitarbeiter

Nicht nur im Notfall, sondern auch für ganz alltägliche Routineverfahren hat die Luftfahrt seit Jahrzehnten feste Prozeduren festgelegt. Diese heißen „Standard Operating Procedures" kurz SOPs, also Standardvorgehensweisen und sind genaue Anleitungen für Arbeitsprozesse. Die grundsätzlichen Faktoren dabei sind, neben der schriftlichen Protokollierung von Tätigkeiten, auch die Festlegung von Vorgehensweisen in bestimmten Situationen und die Rückverfolgbarkeit von Aktivitäten. SOPs werden bereits seit Jahrzehnten als feste Prozedur in der Luftfahrt angewendet. Vor dem Flug überprüfen die Piloten zum Beispiel bei der sogenannten Vorflugkontrolle mit Checklisten die Funktionalität der Systeme. Im Falle von Problemen, können diese noch vor dem eigentlichen Flug adressiert und behoben werden. Allerdings ermöglichen die Checklisten auch die schnelle und vor allem effiziente Bearbeitung von Zwischenfällen während des Fluges. Dies wird dadurch erreicht, dass es eigene Listen für diverse Vorfälle wie Triebwerksschäden gibt. Auf diese Weise können spezifische Probleme schnell und präzise bearbeitet werden. Der Vorteil liegt auf der Hand: Fehler werden ausgeschlossen und Stress wird reduziert. Außerdem stellt die Checkliste natürlich auch immer das effizienteste Verfahren dar, mit dem ein Problem gelöst werden kann.

SOPs werden auch häufig als Standards in der Pharma-Industrie und der Medizin benutzt. In allen Arbeitsabläufen, die ein hohes Maß an Sicherheit erfordern, und die gleichzeitig extrem zeit- und erfolgskritisch sind, bieten SOPs eine exzellente Hilfestellung.

Für die MICE-Industrie bietet sich ein derartiges System ebenfalls an. Für einen reibungslosen Ablauf wird für jede wiederkehrende Tätigkeit eine Standardarbeitsanweisung festgelegt. So können zum Beispiel Buchungsprozesse mit Dienstleistern und Künstlern klar definiert werden. Und auch SOPs für Briefings erleichtern es, die Ziele klar zu formulieren. Dadurch können nicht nur Planungsfehler vor der eigentlichen Veranstaltung behoben werden, sondern auch während des bereits laufenden Betriebes gibt es jederzeit klare Anweisungen für die zuständigen Mitarbeiter. Falls es dennoch zu unerwarteten Problemen kommt, die nicht mit der Hilfe eines SOP bearbeitet werden können, werden diese in das Verfahren mit aufgenommen und stehen in Zukunft zur Verfügung.

Die Standardisierung ermöglicht auch neue Wege in der Weiterbildung. Ein SOP setzt klare Richtlinien voraus, an die der unternehmerische Nachwuchs früh heran geführt werden sollte. Die Mitarbeiter können damit von Anfang an Vertrauen in das Verfahren entwickeln und die Routinen später mit größerer Sicherheit anwenden.

Die Aufgabe ist wichtiger als das Ego

Das klingt jetzt alles sehr vernünftig. In Wahrheit sind viele Piloten jedoch ausgeprägte Egomanen. Im Cockpit haben Ego-Trips aber keinen Platz. Hier ist Teamwork gefragt. Als Linienpilot geht es nicht darum, für seine Heldentaten bewundert zu werden. Es geht darum, einen sicheren und möglichst zuverlässigen Job zu machen. Auch ohne Beifall.

In gewisser Weise ist jeder Mensch ein Narzisst. Dies ist für ein stabiles Selbstwertgefühl unumgänglich. Ein übersteigertes Selbstwertgefühl, verbunden mit Selbstüberschätzung, birgt jedoch Gefahren für eine Organisation. Chefs, denen das Korrektiv fehlt, laufen Gefahr, an ihrer Selbstherrlichkeit zu scheitern. Menschen machen Fehler. Niemand ist gegen Fehlentscheidungen gefeit, doch auf der Führungsebene können sie schwerwiegende Folgen haben. Auch hier hat sich die Luftfahrt zur Wahrung der Sicherheit eine sinnvolle Arbeitsteilung im Cockpit überlegt: Es gibt den „Pilot Flying" (PF) und den „Pilot Not Flying" (PNF)und das hat nichts damit zu tun, wer Kapitän und wer Erster Offizier ist. Der PF steuert das Flugzeug und trifft alle wesentlichen Entscheidungen, der PNF hat hingegen die Assistenz- und Kontrollfunktion. Er beobachtet und unterstützt das Geschehen und gibt im Rahmen der SOPs vorgeschriebene Ansagen. Niemand ist unfehlbar. Deshalb überwacht der PNF auch den PF. Welche Überwachungs- und Feedbackschleifen gibt es in Ihrem Team oder Ihrem Unternehmen?

Auch in der MICE-Branche kann man von einer korrigierenden Zweitmeinung profitieren. Hier sind Mitarbeiter gefragt, die sich trauen, das Heft in die Hand zu nehmen und die sich verantwortlich fühlen. Es geht darum, mitzugestalten und Einfluss zu nehmen. Die meisten Aufgabengebiete sind viel zu komplex, als dass eine Führungskraft alle Detailprobleme überblicken könnte. Doch wer nicht alles weiß und auch gar nicht alles wissen kann, ist gut beraten, das Wissen seiner Mitarbeiter gezielt zu nutzen. Mitarbeiter sollten also selbstbewusste, kritische Copiloten sein. Dann entsteht eine klassische Win-Win-Situation: Für Mitarbeiter ist es motivierend, das Ruder zu übernehmen, und der Chef hat einen zusätzlichen Sicherheitspuffer, der ihn vielleicht vor so mancher Fehleinschätzung bewahrt.

Fazit

Nur professionell geplante und qualitätsorientierte Veranstaltungen können Menschen begeistern und inspirieren, wichtiges Wissen vermitteln, gemeinsames Handeln fördern und Veränderungsprozesse einläuten. Für solche Veranstaltungen braucht es funktionierende Teams. Aber die vielen Menschen, die an der Entwicklung und Durchführung eines Events beteiligt sind, sollten beim MICE-Management zwangsläu-

fig dazu führen, die typischen „menschlichen Faktoren" ernst zu nehmen und sie systematisch zu berücksichtigen.

Unter Stress kann es zu Wahrnehmungsfehlern und Kommunikationspannen kommen. Ein *Company Resource Management* hilft, Extremsi-
tuationen vorzubeugen und kritische Situationen mittels eines Alarm-
systems zu identifizieren. Standardprozeduren helfen im Fall der Fälle,
und eine Führungskultur, in der auch kritische Meinungen Gehör finden, verhindert, dass man an der eigenen Profilneurose scheitert. Wer
dies systematisch berücksichtigt, läuft nicht Gefahr hohes Lehrgeld zu
zahlen. Denn im schlimmsten Fall könnte es, durch eine Verkettung
von unglücklichen Umständen und menschlichem Versagen, sogar zu
Katastrophen kommen.

7 „Werte leben, um die Gäste zu begeistern" –
das Motto von Hotel Schloss Montabaur

von Axel Kehl

Die Unternehmenswerte auf Schloss Montabaur standen nicht nur im Jahr ihrer Entwicklung 2011 ganz oben auf der Agenda. Sie tun es noch heute. Sie sind zu einem zentralen Bestandteil der Unternehmenskultur geworden und zu Leitlinien für die tägliche Arbeit – und damit alles andere als nur schöne Worte auf dem Papier. Hierzu wesentlich beigetragen hat wohl der Prozess, wie die Werte auf Schloss Montabaur entwickelt wurden. Für den Vorstand stand von Beginn an fest, dass nur gemeinschaftlich entwickelte Unternehmenswerte zum Erfolg führen werden. Was lag näher, als die Personen, die die Werte in ihrer täglichen Arbeit leben sollen – die Mitarbeiter – und die Personen, die durch gelebte Unternehmenswerte begeistert werden sollen – die Kunden – direkt in den Entwicklungsprozess mit einzubeziehen? In einem mehrstufigen Prozess erarbeiteten Führungskräfte, ein großer Teil der Mitarbeiter, Kunden und externe Partner stufenweise das Wertesystem von Schloss Montabaur: Neben den Grundwerten „Wahrhaftigkeit", „Vertrauen", „Verantwortung", „Wertschätzung", „Innovation" und „Exzellenz" umfasst das Wertesystem eine klare Positionierung mit Blick auf das genossenschaftliche Selbstverständnis und gibt eindeutige Handlungsmaximen vor, nämlich „Kundenzentrierung" und „Kooperation". All dies mit dem Ziel, die Kunden durch exzellente Leistungen zu begeistern.

Das Erfolgsrezept im Werteprozess:
„Mitarbeiter zu Beteiligten machen"

Die erste Etappe im Werte-Prozess war gemeistert: gemeinsam entwickelt, standen die Unternehmenswerte fest. Damit nicht genug: Es folgte eine Mitarbeiterbefragung zu den erarbeiteten Werten, um herauszufinden, welche Werte wie gelebt werden und bei welchen noch Optimierungsbedarf besteht. Das Gros der Bewertungen war sehr positiv. Es zeigten sich aber auch Punkte, in denen das Haus noch besser werden konnte. Frei nach dem Motto „Die Besten trainieren am härtesten, weil es viel schwieriger ist, an der Spitze zu  bleiben als an die Spitze zu kommen" ging es also in eine nächste Runde, um der Frage nachzugehen, wie man gerade die kritischen Punkte weiterentwickeln kann.

Ergebnis: Insgesamt wurden 17 Projekte definiert, davon fünf zur Rahmengestaltung, vier zu mehr Effizienz und Effektivität, drei zur Verbesserung der internen Zusammenarbeit und fünf Projekte zur Optimierung der Strukturen im Haus. Dabei ließen sich manche Projekte schnell umsetzen. So wurde beispielweise eine Zufriedenheitsgarantie neu eingeführt. Denn die Kundenzufriedenheit hat auf Schloss Montabaur oberste Priorität und daher gilt seit dem Jahr 2011, wenn ein Kunde nicht zufrieden ist, erhält er ohne Wenn und Aber sein Geld zurück. Auch dies zahlt beispielsweise auf die Werte „Wahrhaftigkeit", „Vertrauen" und „Exzellenz" ein. Der Wert „Vertrauen" bedeutet für Schloss Montabaur beispielsweise, dass Versprechen auch dann gehalten werden, wenn kurzzeitig Nachteile in Bezug auf Kosten, Ertrag oder Mehrarbeit in Kauf genommen werden müssen. Gleichzeitig soll grundsätzlich von vornherein nur das versprochen werden, was auch gehalten werden kann. Für umfangreiche Projekte wurde eine detaillierte Projektplanung vorgenommen.

Mehr als schöne Worte: Erfolg messen!

„Eine wertorientierte Unternehmenskultur mit entsprechend gelebten Werten ist keine Selbstverständlichkeit, sondern bedarf immer wieder einer aktiven Überprüfung, Weiterentwicklung und Umsetzung – mit den Blick auf unsere Kunden, Partner und Mitarbeiter und letztlich auch auf die ökonomischen Auswirkungen", so Axel Kehl, Vorstandsvorsitzender der ADG/Hotel Schloss Montabaur.

Dass dies auf der Führungsebene beginnt, stand daher für Kehl von Anfang an fest. Ebenso, dass die Werte sich letztlich aber nur dann zum Erfolgsfaktor entwickeln werden, wenn alle Mitarbeiter hinter ihnen stehen. Deswegen war es wichtig, die Mitarbeiter nicht nur bei der Entwicklung mit ins Boot zu holen, sondern sie ebenso bei der laufenden Umsetzung, also beim Leben der Werte, tatkräftig zu unterstützen. Hierfür finden regelmäßig interne Schulungen und Seminare zu den Werten des Unternehmens statt. Auch bei Firmenfeiern, Sportaktivitäten oder ähnlichem werden die Werte integriert. So ordneten beispielsweise die Mitarbeiter beim letzten Sommerfest ihren Kollegen positive Werte zu, indem sie diese auf Karten schrieben. Diese Karten sind noch heute auf den Schreibtischen vieler Mitarbeiter zu finden: die Mitarbeiter sind stolz darauf, von ihren Kollegen so beurteilt zu werden. Neben diesen weichen Faktoren, die die Unternehmenswerte zu dem machen, was sie auf Schloss Montabaur sind, wird die Zufriedenheit der Kunden systematisch gemessen durch Kundenzufriedenheitsbefragungen, Feedbackbögen etc. sowie zur Steuerung des Unternehmens über die Balanced Scorecard herangezogen. Die Leistungen von Schloss Montabaur wurden im letzten Jahr in Schulnoten mit 1,3 bewertet: Die Kombination aus „Fühlen" und „Messen" ist das Erfolgsrezept.

8 Managementfehler – häufigste Ursache für Insolvenz und Fluktuation

von Walter Rotter

Die Experten sind sich einig, dass der Zusammenbruch einer Firma durch eine Vielzahl von Managementfehler verursacht wird. Aus einer repräsentativen Studie der Hermes AG geht hervor, dass in 57 Prozent der untersuchten Insolvenzfälle die „autoritäre, rigide Führung" Schuld am Untergang war. Weitere Ursachen, wie fehlendes Controlling, ungenügende Transparenz und Kommunikation, kommen dazu. Auch in einer Nachfolgestudie im Jahre 2009 hat dasselbe Institut gefragt, ob sich Insolvenz und Fluktuation verändert haben. Das Ergebnis ist identisch, Managementfehler sind nach wie vor die Hauptursache für Insolvenz und Fluktuation in den Unternehmen. Die Gewichtung hat sich jedoch verändert. Auftragsrückgang, das Festhalten an ausgedienten Unternehmenskonzepten, falsche strategische Ausrichtung und fehlende Finanzreserven sind inzwischen die Hauptursachen von Firmenpleiten.

Die Stützen einer soliden Firmen- und Geschäftspolitik

Firmenchefs sind erfolglos, wenn sie sich nicht um die Liquidität ihres Unternehmens kümmern, sich nur an schwächeren Konkurrenten orientieren, die Wünsche ihrer Kunden nicht hinterfragen und immer Recht haben wollen. Die Stützen einer soliden Geschäftspolitik hingegen basieren auf den sozialen und emotionalen Eigenschaften des Firmenchefs. Das sind zum einen der Charakter, zum anderen das Image. Die zum Erfolg führenden Charaktereigenschaften sind Zuverlässigkeit, Ehrlichkeit, Fairness, Kreativität, Loyalität und Offenheit. Welche Charaktereigenschaften ein Firmenchef hat, lässt sich analytisch erarbeiten und herausfinden. Nur wer seine Erfolgsfaktoren kennt, kann sie auch verstärken. Als Firmenchef wird man nicht geboren, zum Firmenchef muss man sich entwickeln und die notwendigen Maßnahmen im Zuge der Zeit lernen. Auf dem Weg dorthin ist es oft notwendig einen Coach, sprich Berater, mit einzubeziehen. Sehr verbreitet ist jedoch die Resistenz gegen einen solchen Ratgeber. Dieser hat die Aufgabe, dem Firmenchef die Augen zu öffnen und die vorhandenen Charaktereigenschaften zu verstärken. Er wird ihm auch sagen, dass er ein Image aufbauen muss, das seinem Unternehmen gerecht wird. So wie sich der Firmenchef gibt, was er sagt, wie er sich kleidet, was er vorlebt, so nehmen ihn seine Kunden und natürlich seine Mitarbeiter wahr. Und für den ersten Eindruck gibt es (meist) keine zweite Chance.

Der Charakter als Maß aller Dinge

Dass bereits mit der Geburt ein einzigartiger und bestimmter Charakter angelegt ist, haben wissenschaftliche Studien mit Kindern in unterschiedlichen Lebenszeiträumen eindrucksvoll bewiesen. Dieser Charakter wird durch die jeweilige Sozialisation eines Menschen weiter geformt. Nach der Geburt wird z. B. durch die Erziehung der Eltern, durch die Lehrer und durch die Ausbilder während der Berufsausbildung eine Persönlichkeitsstruktur entwickelt, die durch Bildung, besondere Ereignisse und Erfahrungen beeinflusst wird. Hieraus wiederum entwickeln sich das Dominanzverhalten und eine mehr oder weniger ausgeprägte emotionale Intelligenz (Gefühlswelt). Das macht die Gesamtpersönlichkeit eines Menschen aus. Um das Führungsverhalten des Firmenchefs nachhaltig zu verbessern, muss also ein Charakter-Check-Up gemacht werden. Die Eigenschaften, die für den Erfolg wichtig sind, müssen dabei in einem weiteren Schritt verstärkt werden. Damit ist der Grundstein gelegt, sich dem nächsten Erfolgsfaktor zuzuwenden, dem Image.

Das Image als Gradmesser

Image kann nicht mit „Mein Haus, mein Auto, meine Yacht" umschrieben werden. Aber was ist dann das Image? Image verkörpert den Einfluss des Firmenchefs auf die Glaubwürdigkeit, das Ansehen und den Erfolg eines Unternehmens. Und dieser Einfluss ist für den Erfolg eines Unternehmens unverzichtbar. Die Empirie hat gezeigt, dass in der Wahrnehmung durch den Kunden eine Abhängigkeit zwischen dem Image des Firmenchefs und dem Unternehmensimage besteht. Hat der Unternehmer ein gutes Image aufgebaut, ist der Erfolg bei den Kunden groß. Leider wird noch viel zu selten konsequent die Verbindung zwischen Führung und Image betrachtet. Im Imagekonzept der Firmenchefs liegt noch sehr viel ungenutztes Potential. Warum kaufen die Menschen bei einer ganz bestimmten Firma? Oder warum fahren

Sie immer zum gleichen Supermarkt? Der Erfolg intelligenter Unternehmen beruht auf einer einzigartigen Grundlage: dem Image dieses Unternehmens bzw. des Firmenchefs. Viel zu wenig wird auf diesen strategischen Vorteil geachtet. Und – was am Wichtigsten ist – die Firmenchefs haben noch nicht erkannt, dass langfristiger Erfolg ohne Image nicht mehr möglich ist. Gutes Image – guter Erfolg. Schlechtes Image – kein oder nur wenig Erfolg! Auf diese einfache Formel lässt sich tatsächlich erfolgreiches Handeln reduzieren.

Resümee

Konstanter Erfolg ist heute nur noch möglich, wenn zwei Faktoren zusammenwirken: WERTE und IMAGE. Der Nährboden sind die Eigenschaften, die ein Mensch besitzt. Auf diesem Nährboden entstehen **Zuverlässigkeit, Ehrlichkeit, Fairness, Kreativität, Spontaneität, Transparenz und Offenheit.** Das Image muss erst geschaffen werden. Image muss man lernen. Mit einer klugen Imagepolitik schafft man einen einzigartigen Erfolg. Man wird zum starken, beliebten Unternehmen, von dem gerne und viel gesprochen wird.

9 Estrel Berlin: Mitarbeiter im Gleichgewicht – Wettbewerbsvorteile durch Investition in die Mitarbeiter

von Ute Jacobs und Thomas Brückner

Die perfekte Eventlocation ist die, zu der Veranstaltungsplaner immer wieder zurückkehren. Demnach halten zahllose Firmen das Estrel Berlin für den optimalen Veranstaltungsort und so stehen wir seit dem Jahr 2000 mit an der Spitze der umsatzstärksten Hotels in Deutschland. Als Europas größter Convention-, Entertainment- und Hotel-Komplex vereinen wir dabei mit den drei Säulen „Tagen, Wohnen und Entertainment" in einzigartiger Weise multifunktionale Event-Räume auf insgesamt 15.000 Quadratmetern, ein Vier-Sterne-plus-Hotel mit 1.125 Zimmern, ein eigenes Entertainment-Programm auf internationalem Niveau, ein ausgezeichnetes Catering und die allerneueste Technik. All das wird im Estrel unter einem Dach sowie aus einer Hand geboten – hieraus ergeben sich zahlreiche Synergien, von denen jeder Veranstalter profitiert.

Das Estrel befindet sich im Privatbesitz von Ekkehard Streletzki und hat sich als Gastgeber hochkarätiger Veranstaltungen wie Kongresse, Bundesparteitage, Box-Weltmeisterschaften und Medien-Events auf dem internationalen MICE-Markt etabliert. Die Referenzliste der Unternehmen, die immer wieder mit Tagungen und Kongressen ins Estrel kommen, ist lang. Sie liest sich wie das „Who is Who" der weltweit erfolgreichsten Unternehmen: Microsoft Deutschland, Deutsche Bahn AG, Allianz, IBM, Deutsche Telekom AG, AirBerlin, L'Oreal Deutschland, Deutsche Postbank AG, Carglass GmbH – viele Global Player aus Wachstums- und Zukunftsbranchen wie Automobil, Informations- und Kommunikationstechnologie, Pharma und Medizin nutzen die optimalen Möglichkeiten, die das Estrel bietet.

Trotz der zahlreichen langjährigen Stammkunden ist es angesichts zweifellos attraktiver Wettbewerber – zur Zeit vereinen rund 170 Berliner Tagungshotels über die Hälfte der gesamten Veranstaltungskapazitäten auf sich – für uns wichtiger denn je, dass wir mit dem Estrel unsere Position als führendes Kongresshotel durch stetige Investitionen in Renovierung und technisches Equipment ausbauen. Doch natürlich investieren wir nicht nur in die Hardware: Besonders wichtig ist uns der Servicegedanke und damit die Weiterbildung der Mitarbeiter. Denn was uns neben der Größe so einzigartig macht, sind unsere Mitarbeiter, die Tag für Tag dafür sorgen, dass jährlich über 1.600 Veranstaltungen zur absoluten Zufriedenheit unserer Gäste verlaufen. Rund um die Uhr kümmern sich über 500 Festangestellte – darunter rund 70 Auszubildende – um einen reibungslosen Ablauf vor und hinter den Kulissen.

Und gerade weil wir eines der größten Tagungshotels Europas sind, steht für uns die persönliche Betreuung an erster Stelle. Dabei hat jeder Mitarbeiter seinen festen Platz, setzt mit Leidenschaft täglich sein spezielles Know-how für ein positives Gesamtergebnis ein und fühlt sich als Gastgeber. Dass uns dies sehr gut gelingt, bestätigte 2011 der anonyme Hoteltest der Fachzeitschrift „Top hotel", in dem das Estrel mit „sehr gut" bewertet wurde. Wir sind stolz auf unsere Mitarbeiter und das, was wir gemeinsam als Team erreicht haben. Ein so großes Haus über so viele Jahre an der Spitze der umsatzstärksten Häuser in Deutschland zu halten, gleichzeitig in den Bewertungsportalen unserer Gäste immer die vordersten Plätze zu erzielen, ist allein unserer großartigen Mannschaft zu verdanken. Entsprechend gehen wir mit unseren Mitarbeitern um. Wir versuchen, so kommunikativ offen und nah am Geschehen wie nur möglich zu sein. Der Spruch „Mitarbeiter sind unser größtes Kapital!" ist im Estrel Berlin keine leere Floskel: Eine Unternehmenszugehörigkeit von durchschnittlich sechs Jahren, ein Altersdurchschnitt von 35 Jahren und eine Geschlechterquote von jeweils 50 Prozent zeigen, dass wir Wert auf ein gutes Betriebsklima, Ausgewogenheit und eine gute Mischung aus Erfahrung und frischen jungen Talenten legen.

Um neuen Mitarbeitern einen optimalen Start im Estrel zu ermöglichen, erhalten alle mit Eintritt in das Unternehmen eine umfassende Einarbeitung. Davon profitieren die Kollegen und wir als Unternehmen gleichermaßen – schließlich ist es unser Ziel, dass sich die Mitarbeiter menschlich und fachlich im Estrel schnell zu Hause fühlen. So wird ihnen ein erfahrener Kollege als Pate zur Seite gestellt, der für deren fachliche wie auch soziale Einführung zuständig ist. Im Rahmen eines Welcome-Days stellen wir den neuen Mitarbeitern sämtliche Unternehmensbereiche vor. So bekommen diese bereits in den ersten Tagen ihres Einstiegs die Gelegenheit, unser Unternehmen, unsere Philosophie und unsere Geschichte kennenzulernen und sich mit weiteren neuen Mitarbeitern auszutauschen. Hinzu kommen umfangreiche Weiterbildungsmöglichkeiten mit internen und externen Schulungen zu über 50 verschiedenen Themen, Cross Trainings, eine offene Unternehmenskultur durch regelmäßige Info-Veranstaltungen, ein eigenes Intranet, aktives Gesundheitsmanagement und nicht zuletzt eine gelebte „Work-Life-Balance". Wir zahlen fair, haben überdurchschnittliche Sozialleistungen und legen großen Wert darauf, die gesetzlichen Rahmenbedingungen einzuhalten. Aber an erster Stelle steht für uns das Wohlbefinden der Mitarbeiter im Estrel Berlin: Schließlich wünschen wir uns Mitarbeiter, die gesund und zufrieden ihrer Arbeit nachgehen – aus diesem Grund werden die Angebote zur betrieblichen Gesundheitsförderung stets erweitert. So können Mitarbeiter in kostenlosen Rückenschulungen das richtige Sitzen und Heben schwerer Gegenstände lernen und durch Übungen ihre Muskulatur stärken. Besonders freut uns, dass Teilnehmer auch dann noch zum Betriebssport kommen, wenn sie bereits in Rente sind! Inzwischen gibt es eine Vielzahl an kostenfreien Kursen und Sportangeboten, darunter Yoga und Übungen mit dem Flexi-Bar. Massagen im Wellness-Bereich des Hotels sind gegen einen kleinen Kostenbeitrag buchbar.

Im Mitarbeiter-Restaurant wird auf frische und vollwertige Speisen Wert gelegt: So wird weniger Fett und Zucker verwendet und es sind mehr leichte Gerichte im Angebot. Aus einer Brigitte-Diät-Aktion im Betriebsrestaurant entwickelte sich sogar eine Weight Watchers-Gruppe, die sich seitdem einmal wöchentlich trifft. Die 18 Teilnehmer haben inzwischen zusammen 120 Kilo abgenommen! Darüber hinaus können Mitarbeiter in Kochkursen lernen, wie sie sich auch zu Hause gesund ernähren können. Aber auch der Ausgleich zwischen Arbeit und Familie/Freundeskreis ist ein zentraler Punkt: Durch Seminare zur „Work-Life-Balance" sollen unsere Mitarbeiter für dieses wichtige Thema sensibilisiert werden. Ziel ist es, den Mitarbeitern gezielt Freizeit und damit Möglichkeit zur Regeneration zu geben. Alle Kurse finden während der Arbeitszeit statt, die Mitarbeiter werden dafür freigestellt. Aber auch außerhalb der Arbeitszeiten treffen sich Mitarbeiter in Gruppen, um Sport zu treiben: Diese wurden größtenteils von den Kollegen selbst gegründet und werden nun von uns finanziell unterstützt, so zum Beispiel ein Lauftraining. Hier nehmen 80 Mitarbeiter teil. Angestoßen hat diese Laufgruppe unser Geschäftsführer Thomas Brückner, der aktiver Marathonläufer ist. Außerdem trainieren bis zu 16 Mitarbeiter für den jährlichen Ruder-Wettbewerb. Und seit einigen Monaten punktet unser Hotel auch mit einer betriebseigenen Klettergruppe. 25 Mitarbeiter klettern nun regelmäßig gemeinsam in einer Halle.

Der Erfolg kann sich sehen lassen. Entgegen dem allgemeinen Trend weist die Krankheitsstatistik einen Rückgang von 1,2 % auf und die Betriebszugehörigkeit liegt wesentlich höher als in der 4- und 5-Sterne-Hotellerie branchenüblich – bei fünf statt bei zwei Jahren. Diese Zahlen zeigen uns, dass sich unsere Mitarbeiter sehr wohl bei uns fühlen. Viele von ihnen sind schon seit über 15 Jahren im Estrel – ein größeres Kompliment kann es für einen Arbeitgeber gar nicht geben. Und diese langjährigen Mitarbeiter tragen wiederum mit ihrer Erfahrung und ihrem Teamgeist maßgeblich zum Erfolg des Unternehmens bei.

10 Beifall ohne Zufall – Konzentration auf Event-Inhalte durch ganzheitliches Event-Management

von Stefan Blass

Eine Firmenveranstaltung zu organisieren, ist für den verantwortlichen Eventplaner eine große Herausforderung. Von der Grundidee bis zur Nachbearbeitung ist es ein langer Weg. Im Vorteil ist, wer auf ein professionelles Event-Management-System zurückgreifen kann, um die einzelnen Phasen vom Genehmigungsprozess über das Einladungsprozedere, das Teilnehmer-Management einschließlich Reise-Arrangements, der Organisation von Location, Equipment und Rahmenprogramm, Budget- und Projekt-Management, Ablaufplanung, Administration und Abrechnung bis hin zur Evaluation reibungslos zu koordinieren. Dafür gibt es zahlreiche Lösungsansätze zur Prozessoptimierung und Arbeitserleichterung für den Eventmanager.

Aber wie steht es um den Event-Gast? In den seltensten Fällen wird berücksichtigt, dass eine Einladung zu einer Veranstaltung für den Teilnehmer nicht nur eine Freude ist, sondern auch Organisations- und Zeitaufwand mit sich bringt. Dabei ist das Ziel einer Einladung eigentlich, die eingeladenen Kunden, Geschäftspartner oder Mitarbeiter zu motivieren, zu berühren und von einer Geschäftsidee, einem Produkt oder einer Marke zu überzeugen. Wie kann sich also ein Event-Gast am besten und am nachhaltigsten auf Veranstaltungsinhalte konzentrieren, ohne von organisatorischen Aufgaben abgelenkt oder gar genervt zu sein?

Wer eine Einladung zu einer Firmen-Veranstaltung annimmt, darf sich sicherlich auf angenehme und interessante Stunden eines kreativ inszenierten Events freuen. Aber zunächst steht die Organisation der Anreise, der Übernachtung, des Transfers und der Koordination am Veranstaltungsort im Mittelpunkt und lenkt unter schlechten Bedingungen durchaus von dem eigentlich erfreulichen Anlass des Events ab. So hat eine Umfrage der CWT Solutions Group unter 6.000 Geschäftsreisenden ergeben, dass Zeitverlust, unvorhergesehene Ereignisse wie verlorenes oder verspätetes Gepäck und die durch das Reisen bedingten

Beeinträchtigungen der Alltagsroutine Stress erzeugen und dadurch zusätzlich verdeckte Reisekosten generieren. Gleichzeitig kommt die Studie „Chefsache Business Travel 2012" des Ausschusses Business Travel des Deutschen Reiseverbands (DRV) zu dem Ergebnis, dass Geschäftsreisende im Schnitt 48 Minuten pro Dienstreise durch unzureichende Reiseplanung, ungünstige Anschlussverbindungen oder unnütze Fahrten wegen schlecht gewählter Standorte von Event-Locations und Unterkünften verlieren. Bei rund 164 Millionen Geschäftsreisen pro Jahr büßen Deutschlands Unternehmen damit jährlich über 130 Millionen Stunden Arbeitszeit ein. Das ist ein finanzieller Verlust von 3,9 Milliarden Euro. Durch eine effektive Planung im Vorfeld, ein ganzheitliches Veranstaltungsmanagement und den Einsatz entsprechender Tools ist dies jedoch für den Event-Gast weitestgehend vermeidbar.

So hat up2date solutions eine umfassende webbasierte Softwarelösung für die Bereiche Meetings, Incentives, Kongresse und Events (MICE) entwickelt, um Firmenveranstaltungen von der Grundidee bis zur Nachbearbeitung mit höchster Beratungskompetenz und Prozesssicherheit unter strengsten sicherheitsrelevanten Voraussetzungen zu begleiten. Im Fokus steht dabei die Berücksichtigung von Anforderungen und Bedürfnissen aller relevanten Zielgruppen einschließlich der Event-Teilnehmer, den Event-Verantwortlichen als auch den Dienstleistern und allen sonstigen Beteiligten. Die Web-Applikation mit zentraler, konsistenter Datenhaltung basiert auf einem Modulsystem und kann flexibel erweitert und an spezielle Veranstaltungs-Anforderungen angepasst werden. Insbesondere die Produktlinien up2date Seminarverwaltung und up2date Eventmanagement sind bewährte Produktlösungen für die Veranstaltungsorganisation. Die webbasierten, datenbankgestützten Anwendungen bieten ein großes Repertoire an Funktionalitäten, die das tägliche Arbeiten im Trainings- und Veranstaltungsbereich optimieren.

Aus Sicht des Event-Gastes beginnt das zeit- und organisationssparende Teilnahme-Management bereits mit der Einladung. Die automatisierte Registrierung mit Passwortschutz garantiert, dass alle persönlichen Daten und Anforderungen für die Reise-Arrangements nur einmal erfasst werden müssen und dann für alle weiteren Schritte des Teilnehmer-Managements hinterlegt sind. Auch Begleitpersonen werden so erfasst sowie alle Reise-Wünsche von der Anreise, den Transfers vom Flughafen oder Bahnhof bis zum Hotel und/oder Veranstaltungsort. Registrierungsbestätigungen und detaillierte Reisepläne werden erstellt und stehen sowohl dem Teilnehmer als auch den Veranstaltungsorganisatoren auf Knopfdruck und auf verschiedenen Kanälen – zum Beispiel als automatischer Kalendereintrag - zur Verfügung. Das ausgeklügelte System schließt auch alle Eventualitäten ein: Hat beispielsweise ein Flugzeug oder ein Zug Verspätung, erhält der Fahrer des Transfer-Services automatisch eine Nachricht auf sein Mobilgerät, um den Gast zur entsprechenden Ankunftszeit zu empfangen und somit Wartezeiten zu vermeiden. Nach Ankunft des Teilnehmers können durch die Integration mobiler Scanner oder RFID-Lesegeräte weitere Annehmlichkeiten die Gästebetreuung und den reibungslosen Ablauf für den Gast erheblich erleichtern. So können durch Barcodes oder RFID sowohl der Gast als auch Gepäck und Garderobe im Hotel und am Veranstaltungsort direkt registriert und zugeordnet werden zugunsten eines schnellen und reibungslosen Ablaufs. Weder lange Warteschlangen noch das eigene Gepäck-Handling lenken somit beim Hotel- und Event-Check-In vom eigentlichen Zweck der Reise ab, nämlich der entspannten und fokussierten Teilnahme an der Veranstaltung.

Während der gesamten Veranstaltung dient das Namensschild mit den gespeicherten Anmeldedaten dazu, den Gast durch die einzelnen Programmpunkte des Events zu führen. So kann durch die zuvor im System hinterlegte Tischordnung der Gast mittels Lesegerät vom Service-Personal ohne lange Suche direkt an seinen Platz geleitet werden. Zudem können die Teilnehmer verschiedenen Programm-Sessions wie Workshops oder Gesprächsrunden zugeordnet werden. Dabei ist nicht nur die zeitliche Koordination einfach möglich, sondern auch die Verknüpfung der Teilnehmer mit Räumen und sogar Arbeitsmaterialien. Zuvor eingerichtete Kommunikationskanäle und Social-Media-Anbindungen erlauben es dem Gast, während der Veranstaltung interaktiv das Geschehen mitzugestalten. Und zu guter Letzt kann der Teilnehmer mittels Online-Befragung innerhalb seiner Registrierung mit wenigen Klicks das Event bewerten, Präsentationen, Fotos, Videos der Veranstaltung einsehen und downloaden sowie sich gegebenenfalls bereits für die nächste Veranstaltung vormerken lassen.

Ein ganzheitliches Event-Management-System trägt also erheblich dazu bei, dass nicht nur die Arbeit des Veranstaltungsmanagers erleichtert wird, sondern auch der Zeit- und Organisationsaufwand des eingeladenen Teilnehmers. So kann dieser sich ganz auf seine Rolle als Gast einlassen, sich auf die Event-Inhalte konzentrieren, sich begeistern lassen und am Ende seinen Beifall spenden für eine gelungene Veranstaltung, bei der nichts dem Zufall überlassen wurde.

11 Barrierefrei unterwegs – Reisen und Events für alle

von Oliver Graue

Herausforderung für die MICE-Branche

Bereits vor 15 Jahren ging eine Studie des Hotelverbandes Dehoga von einer halben Million Geschäftsreisen aus, die jedes Jahr in Deutschland von Schwerbehinderten unternommen werden. An entsprechenden Angeboten für Menschen mit Handicap mangelt es jedoch nach wie vor. Dabei dürfte die Zahl jener, die in ihrer Bewegung eingeschränkt sind, in Zukunft enorm ansteigen – vor allem aus demografischen Gründen. Ein Wandel, von dem die Travel- und Event-Branche in besonderem Maße betroffen ist.

Steigender Bedarf

Kurzfristig ist immer schlecht. „Auf die Schnelle buchen und irgendwo hinreisen, das geht nicht", sagt Martin Krautsieder, der sich ohne Rollstuhl nicht bewegen kann. Ist das Tagungshotel, die Veranstaltungslocation barrierefrei? Bieten sie behindertengerechte Toiletten? Und wie steht es ums Restaurant, in dem die Abendveranstaltung stattfindet? Das sind Fragen, die der 37-Jährige vor jeder Geschäftsreise oder Tagung klären muss: durch Anrufe bei Hotels und allen anderen Einrichtungen, die er während des Business Trips besucht.

Dennoch ist Barrierefreiheit im Event-Segment alles andere als Alltag und die Standards sind sehr unterschiedlich. Der Bedarf jedoch ist groß. „Die Menschen im Westen werden immer älter, zugleich verlängert sich ihre Lebensarbeitszeit. Dadurch sind vermehrt Mobilitätsangebote für Reisende jenseits der 60 Jahre gefordert", sagt HRG-Deutschlandchef Matthias Warns. „Travel und Event Manager werden künftig verstärkt auf eine altersgerecht gestaltete Infrastruktur bei Fluggesellschaften, Hotels und Kongresszentren achten müssen."

Ambitioniert hingegen sind die Ziele, die Deutschland verfolgt. So will die Bundesregierung mit dem Projekt „Tourismus für alle" bis 2013 einheitliche Qualitätsmerkmale und eine klare Kennzeichnung für barrierefreies Reisen entwickeln. Zwar steht dabei der Urlaub im Vordergrund und Barrierefreiheit soll ein „Markenzeichen des Tourismus in

Deutschland" werden. Doch davon profitieren auch Geschäftsreisende und Tagungsteilnehmer.

Positive Beispiele gibt es längst. Städte wie Düsseldorf wenden sich mit speziellen Broschüren an Behinderte, Länder wie Bayern haben eigene Internet-Portale gestartet, und etliche Dienstleister bieten einen umfassenden Betreuungsservice. Der Normalfall sind solche Angebote aber noch nicht.

Leistungsträger sind gefordert

Immer wieder bemängelt die EU-Kommission, dass Fluggesellschaften in Europa mitunter behinderte Passagiere abweisen – obwohl seit 2008 eine EU-Richtlinie dies verbietet. Manche Fluggesellschaften fordern ein Attest oder weigern sich, Rollstühle gratis mitzunehmen. Das jedoch müssen sie. Andere Fluggesellschaften verlangen eine Begleitperson. Doch auch das ist nicht statthaft, sofern die behinderte Person selbstständig zurechtkommt.

Einer Untersuchung des Wirtschaftsministeriums zufolge reisen in Deutschland Behinderte 20 Prozent weniger als die Gesamtbevölkerung. Fast die Hälfte von ihnen wäre häufiger unterwegs, wenn es mehr barrierefreie Angebote gäbe. Als größte Probleme gelten Stufen und ungeeignete sanitäre Einrichtungen. Enorme Schwierigkeiten machen Reisen ins Ausland, und stärker als im Durchschnitt spielt bei Behinderten das Hotel die dominierende Rolle.

Ein Bereich, der leider „kritisch zu beurteilen ist", wie Annerose Hintzke vom Institut für barrierefreie Gestaltung und Mobilität (IbGM) des Sozialverbandes VdK sagt: „Die Auswahl ist viel zu gering, vor allem immer dann, wenn Stufenlosigkeit, breite Türen, geeignete Bewegungsflächen im Bad und eine ebenerdige Dusche für Gäste mit Rollator oder Rollstuhl vonnöten sind." Selbst Vier- und Fünf-Sterne-Häuser bieten hier nicht unbedingt mehr als andere Betriebe. „Außerdem", so Hintzke, „besteht ein Mangel an einzeln nutzbaren Betten im Doppelzimmer, etwa für Gäste, die eine Assistenzperson dabeihaben und mit dieser das Doppelbett nicht teilen möchten." Zwar gibt es häufiger Nachbarzimmer mit Durchgangstür – dann aber wird in aller Regel der Preis für zwei Einzelzimmer fällig.

116

Ansprüche an Leistungsträger

Hotels

Vorreiter in diesem Segment sind skandinavische Hotels wie Scandic oder Radisson. Aber auch deutsche Betriebe haben sich inzwischen mit Behindertenverbänden wie dem IbGM auf einheitliche Kennzeichnungen verständigt, und sogar manch eine Kette geht mit gutem Beispiel voran.

Dabei ist es für gehbehinderte Menschen sehr viel aufwendiger als für andere, eine Reise vorzubereiten. Denn selbst wenn sich ein Hotel als „behindertenfreundlich" bezeichnet, heißt dies nicht, dass das Haus allen Erwartungen entspricht. So mögen die Türen zwar breit genug und die Dusche ebenerdig sein – aber die zwei Stufen zum Frühstücksraum hat der Hotelier „vergessen".

Bittere Bilanz: „Manchmal muss man sich darauf einrichten, gar nicht am Geschäfts- oder Tagungsort übernachten zu können, sondern deutlich weiter davon entfernt", berichtet Hintzke, „weil zum Beispiel nur dort eine Toilette von der richtigen Seite aus mit dem Rollstuhl anfahrbar ist."

Das gilt erst recht für Tagungshotels. Zwar sollten Häuser mit barrierefreien Zimmern auch über schwellenlose Meetingräume verfügen, doch hier gilt: immer konkret beim Hotel nachfragen! Gibt es in der Lobby ein behindertengerechtes WC? Gelangen auch Gehunfähige in Business Center und Restaurant? Wie steht es mit Rampen zur Terrasse oder mit Leihrollstühlen? Das Bundeskompetenzzentrum Barrierefreiheit und die Agentur K-Produktion bieten Checklisten und helfen bei der Organisation entsprechender Events. Selbst auf Kleinigkeiten gilt es zu achten. Schon ein großer flauschiger Teppich ist für Rollstuhlfahrer ein Graus.

Flughäfen und Fluggesellschaften

Recht zufrieden zeigen sich die Sozial- und Behindertenverbände mit dem Service der Flughäfen. Die großen deutschen Flughäfen bieten auf ihren Websites ausführliche Informationen an, und der Frankfurter Flughafen hat gemeinsam mit der Lufthansa das Unternehmen Fra-

Care-Services gegründet, das für gehbehinderte Passagiere einen kostenlosen Betreuungsservice bereithält.

Hauptübel an Bord: Gehunfähige Passagiere können nicht die Bordtoilette aufsuchen – sie ist zu klein. Nur in seltenen Fällen lassen sich zwei Kabinen zu einer einzigen zusammenführen. Annerose Hintzke: „Das heißt für Betroffene, dass außer Kurzstrecken alle Flüge eine hohe Belastung darstellen oder gar nicht infrage kommen." Hinzu kommt: „Gerade diese Fluggäste verbringen die meiste Zeit an Bord, da sie in der Regel als Erste in den und als Letzte aus dem Flieger gebracht werden."

Bahn

Lobende Worte gebühren der Bahn. Sie hat in den vergangenen Jahren eine Menge für Barrierefreiheit getan – kommt allerdings auch aus einem dunklen Tal: Noch in den 70er-Jahren reisten Behinderte im Gepäckwagen mit. Heute halten die größeren Bahnhöfe Hublifte bereit, die beim Einstieg in Fernzüge helfen. Neue ICE sollen in Zukunft sogar über eigene Rampen verfügen.

Als problematisch stellen sich kleine Bahnhöfe heraus, die entweder gar nicht barrierefrei zu erreichen sind oder in denen der Höhenunterschied zwischen Zug und Bahnsteigkante für Gehunfähige nicht zu bewältigen ist. Immerhin: „Die Bahn arbeitet daran", sagt Hintzke. Eine weitere Schwierigkeit betrifft Geschäftsreisende: Nur während sogenannter Kernzeiten stellt die Bahn Service-Personal bereit, das beim Ein- und Aussteigen hilft. Wer erst nach 20 Uhr vom Termin zurück ist, der hat schlechte Karten.

Event-Destinationen

Fortschritte in Sachen Barrierefreiheit haben inzwischen viele Destinationen gemacht. So haben sich acht Regionen und Städte zur AG Barrierefreie Reiseziele in Deutschland zusammengeschlossen. Für Geschäftsreisende dürften davon allerdings nur Erfurt und Magdeburg interessant sein. Manche Großstädte wie Düsseldorf, Hannover oder Frankfurt haben Stadtführer speziell für Menschen mit Handicap erstellt oder listen online alle behindertengerechten Hotels, Restaurants, Museen und Theater.

Um die Barrierefreiheit voranzubringen, sind mehrere Verbände aktiv. Zu den größten Initiativen gehört die Nationale Koordinationsstelle Tourismus für alle (NatKo), zu der sich 1999 zehn Behindertenorganisationen vereinigt haben. Sie berät Hotels, Städte und startet mit ihnen – wie etwa mit Düsseldorf – Projekte. Gemeinsam mit dem Deutschen Seminar für Tourismus entwickelt die NatKo derzeit eine Kennzeichnung für barrierefreie Anbieter. In all diesen Projekten und in vielen Kooperationen ist das Institut für barrierefreie Gestaltung und Mobilität des Sozialverbandes VdK aktiv.

Dabei braucht es nicht immer großartige bauliche Veränderungen, um behindertenfreundlich zu sein. Manchmal genügt schon ein wenig gesunder Menschenverstand. Dazu gehört die richtige Position der Kaffeetasse am Frühstückstisch ebenso wie die aufmerksame Rezeptionistin, die hinter ihrem hohen Tresen hervorkommt, um dem Rollstuhlfahrer die Formulare samt Unterlage zum Unterschreiben zu geben.

Interviews

Martin Krautsieder, sitzt im Rollstuhl

Wie bereiten Sie sich auf Reisen und Tagungen vor?

Beim Hotel und bei Restaurants rufe ich vorher an und frage für mich wichtige Details ab – etwa, ob am WC ein doppelseitiger Griff vorhanden ist. Denn selbst wenn eine Einrichtung sich als barrierefrei bezeichnet, heißt das nicht, dass wirklich alles vorhanden ist, was ich speziell benötige.

Welche Erfahrung machen Sie?

Barrierefrei sind inzwischen etliche Häuser; meistens mangelt es an Angeboten im sanitären Bereich. Mich selbst nervt es, wenn ich bei meinen Anrufen immer wieder nach dem WC frage – aber leider ist es das größte Problem. Es kommt auch vor, dass Häuser, die nicht behindertengerecht sind, dies mit Denkmalschutz begründen. Da mangelt es manchmal an Fantasie. Sehr gute Erfahrungen mache ich beim Frühstücksbüfett: Das Personal ist immer sehr nett und zuvorkommend. Ob am Büfett oder bei Getränken – mir wird problemlos alles gebracht.

Wie steht es um die Fluggesellschaften?

Die Helfer an den Flughäfen sind ausgesprochen freundlich, und an Bord der Maschinen gibt es Reihen, in denen Plätze für Behinderte vorgesehen sind. Schon kurz nach der Buchung gebe ich bei der Fluggesellschaft an, welche Hilfe ich benötige, und es klappt immer reibungslos. Für den Check-in muss ich etwa zwei Stunden vor Abflug da sein: Ein Vorab-Check-in, etwa online, geht leider nicht, da der eingesetzte Jettyp und damit die Behindertensitze mitunter erst kurzfristig feststehen.

Benutzen Sie den Nahverkehr?

Eher das Taxi. Deren Fahrer sind geübt im Umgang mit Behinderten, da sie auch Krankenfahrten machen. Busse sind aber auch recht problemlos, die Fahrer helfen gern. Bei U- oder S-Bahnen können kaputte oder fehlende Aufzüge ein Problem sein. Entweder fahre ich dann eine Station weiter, wo es einen funktionsfähigen Lift gibt, oder ich bitte Mitmenschen um Hilfe. Viele haben allerdings Panik, sie könnten etwas falsch machen.

Bleibt die Bahn ...

Da ist ein Helfer ganz wichtig, denn die Zeit, die ein Zug am Bahnhof hält, ist zum Aussteigen etwas knapp. Die Mitreisenden sind zwar sehr hilfsbereit, aber ich möchte niemandem zumuten, mich im Rollstuhl über die tiefen Stufen der Züge zu heben.

Das heißt, bei Reisen muss auch das Event-Management auf eine Menge achten.

Ich werde in unserer Firma toll unterstützt. Die Assistenz und das Event Management suchen automatisch barrierefreie Hotels und Locations aus, wenn ich auf einer Tagungsreise dabei bin. Und: Ich darf entgegen unserer Reiserichtlinie mit dem Auto statt mit der S-Bahn zum Flughafen fahren – eine große Erleichterung!

Annerose Hintzke, Institut für barrierefreie Gestaltung und Mobilität

Wie sollten sich Gehbehinderte auf eine Geschäftsreise oder Tagung vorbereiten?

Für Reisen mit der Bahn oder mit dem Flugzeug sollten sie auf den Websites der Anbieter recherchieren. Nötige Infos finden sich meist in der Rubrik „Service". Wer Unterstützung braucht, sollte seinen Hilfebedarf bei der Anmeldung angeben.

Wie lassen sich geeignete Hotels finden?

Auch hier gilt, nichts dem Zufall zu überlassen. Denn als „behindertengerecht" ausgewiesene Hotels entsprechen oft nicht den Erwartungen. Selbst der Begriff „barrierefrei", dem Baunormen zugrunde liegen, wird nicht zuverlässig verwendet. Gute Auskünfte gibt es meist über Dritte; Vorreiter sind etwa Bayern und Brandenburg, die Infos auf ihren Tourismus-Internetseiten bereithalten. Ansonsten hilft nur: die Hotels anrufen und alle wichtigen Einzelheiten selbst abfragen.

Sind Sie denn in Kontakt mit den Geschäftsreise- und Event-Anbietern?

Gerade haben wir unsere Zielvereinbarung für barrierefreie Angebote aktualisiert, die wir 2005 gemeinsam mit den Hotelverbänden Dehoga und IHA erarbeitet haben. Sehr aktiv engagieren wir uns gemeinsam dafür, dass Hotels diese Mindestanforderungen für gehbehinderte, gehunfähige, blinde, schwerhörige und gehörlose Gäste umsetzen. Zudem entwerfen wir mit dem Deutschen Seminar für Tourismus derzeit eine einheitliche Kennzeichnung für barrierefreie Angebote, und auch mit der Bahn gibt es eine sehr konstruktive Zusammenarbeit.

Was sollten Anbieter leisten können?

Mobilitätseingeschränkte Gäste sind auf präzise, zutreffende, verlässliche Information angewiesen. Dazu müssen Anbieter wie Hotels verstehen, was behindertenbedingt abgefragt wird. Auch Infos über barrierefreie ÖPNV-Angebote, Wellness und Rollstuhl-Reparaturservice gehören dazu. Dabei kann guter Service für gehbehinderte Menschen gelernt werden. Dazu brauchen wir eine Weiterbildung.

Tipps

Tagungshotels: Zwar nennen sich etliche Hotels „behindertengerecht" – doch längst nicht immer sind sie es. Zuverlässiger sind die Infos auf den Tourismus-Internet-Seiten mancher Länder (Bayern, Brandenburg) oder Städte (Düsseldorf, Frankfurt). Am besten immer selbst fragen, wie breit die Türen und Aufzüge sind oder ob die Toiletten mit Griffen ausgerüstet sind. Checkliste unter *www.myhandicap.de*

Gemeinsam mit dem Institut für barrierefreie Gestaltung und Mobilität des VdK kennzeichnen die Intercity-Hotels als erste deutsche Kette ihre Häuser in den Kategorien B (an Rollstuhl gebunden), A (zeitweise auf Rollstuhl angewiesen) und Ai (leichte, genau erläuterte Abweichungen von A). Andere Ketten wie Radisson, Park Inn, Lindner, Ramada, Maritim oder Ibis weisen bei jedem ihrer Hotels darauf hin, ob diese barrierefrei sind, und für Ketten wie Scandic gehört die Behinderteneignung sogar zur Philosophie. Auch Tagungshotelanbieter Commundo setzt in allen acht Häusern auf Barrierefreiheit. Spezialist ist die Hotelgruppe Embrace mit 35 Häusern, in denen auch Behinderte und Nichtbehinderte arbeiten.

Flug: Die großen Flughäfen und die meisten Fluggesellschaften bieten einen umfassenden Service. Eine EU-Richtlinie verlangt von den Flughäfen, eine optimale und zusatzkostenfreie Betreuung zu gewährleisten. Allerdings müssen sich gehbehinderte Gäste mindestens 48 Stunden vor Abflug melden und über ihre Behinderung und individuellen Bedürfnisse informieren.

Rollstühle und anderes medizinisches Gerät sollten mindestens acht Stunden vor Abflug reserviert werden. Fluggesellschaften müssen nur Elektrorollstühle mit Trockenbatterie (abgeklemmt) befördern, nicht aber solche mit Nassbatterie.

Gehbehinderte Menschen dürfen weder am Notausgang noch auf einem Gangplatz sitzen. Behindertengerechte Toiletten gibt es nur in sehr seltenen Fällen. Langstreckenflüge sind daher eine hohe Belastung für Menschen mit Handicap.

Manche Fluggesellschaften bieten für Behinderte eine sogenannte Fremec-Karte, in denen der Arzt festhält, welche Hilfen der Passagier benötigt. Das erleichtert die Abfertigung.

Bahn: Hublifte oder Rampen finden sich an fast allen deutschen Fernverkehrsbahnhöfen; im Nahverkehr verfügen inzwischen etliche Züge über derartige Hilfen. Dennoch sind längst nicht alle kleinen Bahnhöfe barrierefrei. Zudem hilft Service-Personal beim Ein- und Aussteigen, wobei die Service-Zeiten begrenzt sind (oft 20 Uhr). Betroffene sollten vor der Reise bei der Mobilitätsservice-Zentrale anrufen: Tel. 0180 - 5

512 512 bzw. Mail: msz@deutschebahn.com. Über die Zentrale lassen sich die passenden Züge heraussuchen und geeignete Sitzplätze und Stellflächen direkt buchen – bevorzugt in der Nähe eines behindertenfreundlichen WC. Der Vorlauf beträgt mindestens 24 Stunden. *(www.bahn.de/barrierefrei)*

Für die Bahncard 50, 2. Klasse, zahlen Behinderte mit GdB 70 statt 230 lediglich 118 Euro. Die nötigen Formulare gibt es in den DB-Reisezentren. Sämtliche Regionalzüge und S-Bahnen können – mit Schwerbehindertenausweis und Wertmarke – sogar kostenfrei genutzt werden. Auch die Sitzplatzreservierung im Fernverkehr ist kostenfrei (Behindertenausweis B).

123

12 Wertewandel – Chancen für Outdoor-Trainings

von Wolfgang Weiss

„Stirbt die Incentivereise aus?"

Das seit einem halben Jahrhundert etablierte Instrument der Belohnungsreise stand in den letzten Jahren im Kreuzfeuer: zum einen die steuerliche Bewertung als geldwerter Vorteil, zum anderen die kritische Presse, die seit dem Aufdecken einiger skandalöser Begebenheiten das Verhalten der namhaften Unternehmen genau im Auge behält.

Jedoch hat sich die Reisebranche in den vergangenen zwanzig Jahren an die besondere Nachfrage der Firmenreisen angepasst und viele Nischenanbieter entstehen lassen. Diese haben sich mit ausgefallenen und hochwertigen Produkten ihren Platz am Markt erarbeitet.

Auf Mallorca, zum Beispiel, konnte man die Zahl der spezialisierten „Incentive- und Eventagenturen" in den Neunzigern noch an einer Hand abzählen, im Jahr 2011 geht man von mindestens 70 Anbietern aus.

Firmenreisen bilden zurzeit einen nicht unbedeutenden Anteil in der Reisebranche. Mehrere Phänomene, wie die eingangs erwähnten Beispiele, wirken als Druck von außen auf ihn ein. Ebenso gibt es Kritikpunkte von innen, wie zum Beispiel die Akzeptanz einer Veranstaltung im Unternehmen – die als weiterer Faktor die zukünftige Entwicklung am Markt prägen wird.

Umweltverträglichkeit und Nachhaltigkeit – gerade diesen Werten kann sich in Zukunft kein Wirtschaftszweig mehr entziehen. Eine rein vergnügungsorientierte Firmenreise, die Ressourcen beansprucht und eine stark negative Umweltbilanz aufweist (Flugreise), wird in Zukunft in vielen Unternehmen nicht mehr so leicht vertretbar sein.

Im Kontrapunkt zur erlebnisorientierten Belohnungs- und Vergnügungsreise stehen Trainings- und Fortbildungsveranstaltungen. Wenn Teilnehmer durch gezielte Programme weitergebildet werden, ist der Ansatz der Veranstaltung ein anderer. Die weltweite Organisation Outward Bound, gegründet 1941, legte den Grundstein für die Herleitung einer Methodik, mit der Menschen, im Kontakt mit einem natürlichen Umfeld, in Lernprozessen begleitet werden. Heute gibt es ein überaus komplettes Angebot von Spezialisten, die eine Brücke zwischen den Interessen und Bedürfnissen der Unternehmen und einem passenden Setting einer betriebsfremden Umgebung schlagen können. In dem Moment, in dem mit den Teilnehmern gearbeitet wird, wird ein komplett neues Potential einer Firmenreise angerissen. Es bleibt mehr hängen als nur eine Urlaubserinnerung – eine erfolgreiche Trainingsveranstaltung erarbeitet bleibende Werte, die mit in die Arbeitswelt eingebracht werden.

Folgende Gebiete bieten möglichen Arbeitsraum bei Firmenveranstaltungen:

- Produktvorstellungen,
- Mitarbeiterschulungen,
- Personalentwicklung (z.B. Leadership Training oder Förderprogramme),
- Organisationsentwicklung (z.B. Arbeit an Projektgruppen),
- Selbstreflexion,
- Arbeiten an betrieblichen Werten und Philosophie,
- ...

Oft können Vorgehensweisen und Inhalte direkt aus dem Unternehmen definiert werden. Wenn externe Spezialisten zudem den Arbeitsraum auf interessante Destinationen projizieren und somit eine wirkungsvolle und einzigartige Plattform schaffen, können Firmenreisen Arbeit und Lernen mit Ausflug und Erlebnis verbinden.

Ein Beispiel: Die Veranstaltung mit den meisten Wiederholungen seit Bestehen der Agentur Unics *(www.unics.es)* ist ein Kick-Off-Event für eine Personalentwicklungsmaßnahme. Eine Gruppe von internationalen Teilnehmern organisiert sich zu selbstständigen Teams, die über zwei Tage hinweg anspruchsvolle Touren im Gebirge Mallorcas unternehmen. Im Hinblick auf die technischen und organisatorischen Aufgaben, die im Team gelöst werden, und den körperlichen Anstrengungen, mit denen sie konfrontiert werden, schert die Veranstaltung klar aus dem Urlaubs-Image aus. Jedoch sind die positiven, selbst verdienten Erlebnisse so wirkungsvoll, dass der Event im gesamten Unternehmen bereits einen Kultstatus erreicht hat. Vorgesetzte, die vorher einmal Teilnehmer waren, schicken ihre jungen Talente auf die gleiche Reise.

Das Ziel, die Teilnehmer zusammenzuführen und auf nachfolgende Workshops vorzubereiten, wird stets erfüllt – selbst mehrere Jahre nach Abschluss des Förderprogramms sind die Mallorca-Abenteuer noch präsent. Die Veranstaltung gibt es in dieser Form seit 10 Jahren und hat alle bisherigen Krisen und Kostenoptimierungsmaßnahmen überlebt.

Je mehr die oberflächliche Vergnügungsreise in Erklärungsnöte gerät, desto grösser sind die Chancen für den Markt der Trainingsveranstaltungen.

Natürlich gibt es auch Charakteristika, die nicht immer den Umstieg zulassen: Bei Veranstaltungen mit großen Teilnehmerzahlen wird es schwierig in einem Lern- oder Schulungsprozess einzusteigen. Nicht alle Incentivereisen werden zu zukünftigen Weiterbildungsmaßnahmen – aber die Tendenzen am aktuellen Markt begünstigen Firmenveranstaltungen mit „Mehr-Wert".

13 Berlin – eine außergewöhnliche Metropole für Kongresse, Tagungen und Events

von Heike Mahmoud

International und nachhaltig

Berlin ist eine der facettenreichsten Metropolen Europas. Berlin ist international, Hotspot der Trendsetter, eine lebendige Kunst- und Design-Metropole, Schrittmacher der Nachhaltigkeit. Kurz: Berlin ist die Stadt, die sprichwörtlich immer wächst und stets im Wandel ist. Als einer der führenden Wissenschafts- und Forschungsstandorte Europas bietet die Bundeshauptstadt speziell Veranstaltern von Tagungen, Kongressen, Incentives und Events eine außergewöhnliche Arbeitsplattform mit unvergleichlicher Erlebnis-Vielfalt. Hier gibt es Hotels, Veranstaltungsorte, Servicepartner und gastronomische Lichtblicke in einer atemberaubenden Dichte. Als führender Tagungs- und Kongress-Hotspot lässt Berlin bei der Organisation von Veranstaltungen keine Wünsche offen.

In unserer pluralen Wirtschaft, wo Unternehmen zunehmend global ausgerichtet sind und überwiegend vernetzt arbeiten, gewissermaßen als Teil einer globalen DNA, ist auch die Veranstaltungsbranche zunehmend international aufgestellt. Es sind genau diese internationalen Firmen und Verbände, die unsere Kunden prägen, unsere Kunden sind. Gewiss, sie haben Bedürfnisse und Erwartungshaltungen, jeder für sich sehr unterschiedlich und individuell. Offenheit gegenüber der Vielfalt ist heute die Grundlage der Vermarktung einer Metropole wie Berlin, das A und O unserer Arbeit in der Meeting-Industrie im Allgemeinen. Und sie ist – das mag an dieser Stelle überraschen – Bestandteil eines fragilen Wertesystems (value set), das Menschen zusammenbringt und zwar mit beachtlichen Folgen für Wirtschaft und Gesellschaft. Die persönliche Teilnahme an Veranstaltungen dient schließlich dem Austausch von Know-how, der Bildung einer aktiven Kommunikation. Und das trotz einer immer ausgeklügelteren Technik, die auch und gerade virtuelle Netzwerke schafft und Wissen immer öfter digital zugänglich macht (z.B. Hybrid-Meetings). Darum wird es auch in Zukunft weiterhin Kongresse, Tagungen und Events geben, wo man sich persönlich trifft und austauscht. Und hier kommen die genannten Werte ins Spiel.

Die Verschiedenartigkeit unserer Kunden, der Respekt vor anderen Kulturen (Religion, Geschichte, Wirtschaft) bestimmen die Normen jedes einzelnen Teilnehmers an Veranstaltungen. Unsere Aufgabe ist es, diese Unterschiede, diese Werte-Differenz zu verstehen und sie in unser Dienstleistungs-Portfolio mit einzubinden und filigran zu berücksichtigen. Dabei verändern die Marktanforderungen sich stetig: Veranstalter und Teilnehmer verfügen über immer umfangreicheres Knowhow ihrer Branche, reisen viel (frequent traveller), und der demografische Wandel hat Einfluss auf die Gestaltung von Kongressen und Events. Die Teilnehmer repräsentieren heute eine Bandbreite der Generationen „X, Y" bis „Silver Ager". Aufgrund der unterschiedlichen Erfahrungen bestehen so natürlich auch unterschiedliche Werte in den einzelnen Generationen und Altersgruppen. Dies ist Ansporn und Verpflichtung zugleich.

Veranstaltungen bringen weltweit Menschen zusammen. Die Meeting-Industrie hat somit eine hohe Verantwortung, nicht nur inhaltlich, sondern auch für die Umwelt. Alle Partner müssen heute Sorge dafür tragen, dass unsere Branche nachhaltig und innovativ wächst und zukunftsweisend bleibt. Die gesamte Organisation und Durchführung von Veranstaltungen muss sich daran messen lassen.

So gesehen ist die Meeting-Industrie unbestritten ein herausragender Akteur der globalen Nachhaltigkeitsindustrie: Das Zusammentreffen von Menschen, regional, national und international, ist immer mit einer Ortsveränderung verbunden. Nicht umsonst werden deshalb in unserer Branche so viele Anstrengungen unternommen, den Einfluss der Mobilität positiv zu lenken, Lösungen zu finden, die Energie einsparen und sich nachhaltig auswirken. Green Meetings oder Corporate Social Responsibility (CSR) sind nicht nur Phrasen. Dahinter stecken unzählige nationale und internationale Projekte und Netzwerke von Fluggesellschaften, Transportunternehmen, Hotels, Kongresszentren und Veranstaltungsorten, IT-Unternehmen und weiteren Dienstleistern, die trotz vieler Differenzen gemeinsam verschiedenste Lösungen anbieten und so einen wichtigen Beitrag dazu leisten, mit knappen Ressourcen schonend umzugehen.

Werte schaffen aber nicht nur Veranstaltungs-Werte. Sie beeinflussen auch die Unternehmenskultur, die Wirtschaft und die Gesellschaft als Ganzes.

Das Berlin Convention Office von *visitBerlin* hat durch eine enge Kooperation mit den verschiedensten Partnern innerhalb der Stadt Berlin (Hotellerie, Kongresszentren, Veranstaltungsorte, verschiedene Dienstleister) sowie mit internationalen Verbänden und Kooperationen ein leistungsfähiges Netzwerk aufgebaut. Vorrangiges Ziel ist es, unseren Kunden die Vielfalt Berlins als Tagungs- und Kongressdestination aus erster Hand schnell und zuverlässig zu vermitteln und unsere Erfahrungen und Kontakte für eine professionelle Organisation und Durchführung von Veranstaltungen zur Verfügung zu stellen. Die Weiterentwicklung unserer vielfältigen Serviceleistungen steht dabei ebenso im Mittelpunkt, um flexibel auf Wünsche und Werte unserer Kunden eingehen zu können. Zunehmend steht auch „Legacy" im Focus: Was können der Kongress oder die Veranstaltung als bleibenden Einfluss für die Stadt Berlin und ihre Bürger hinterlassen? Nachhaltigkeit spielt dabei eine tragende Rolle. Unter der Internetplattform www.berlin-green-meetings.de haben wir nicht nur alle Dienstleister zu diesem Thema versammelt, sondern auch die vielfältigen Aktivitäten der Stadt Berlin in diesem Bereich.

Berlin ist heute wieder eine Metropole, die Weltoffenheit und Toleranz verkörpert. Für diese Werte gilt besonders: Sie müssen geschützt und bewahrt werden. Die neuen Akteure der Veranstaltungsbranche haben sich diesen Schutz auf ihre Fahnen geschrieben. Sie fördern Kommunikation, die Weiterbildung, die Forschung, den Forschungsaustausch und die breite Vernetzung – alles Wachstumsimpulse, ohne die es keinen Ausgleich und keinen Fortschritt gäbe. Die neuen Akteure auf dem Markt der Veranstalter operieren nachhaltig, gleichzeitig garantieren sie eine dynamische Erlebnisvielfalt und ein Anschwellen der Aufmerksamkeitsströme. Wenn Berlin – neben seinen bekannten Vorzügen – für solche Werte einsteht, für eine Kultur der Unternehmensvielfalt, der Nachhaltigkeit, der sozialen und kommunikativen Mobilität, muss es sich um seine Zukunft keine Sorgen machen.

14 Zurück in die Zukunft –
Warum die Veranstaltungsindustrie
werteorientierte Einkäufer braucht

von Bernd Fritzges

In den letzten Jahren haben die Sensibilität und die Berücksichtigung der unternehmerischen Gesellschaftsverantwortung (Corporate Social Responsibility) in allen Bereichen stark zugenommen. Eine logische Konsequenz, da immer mehr Unternehmen ihre selbst auferlegten CSR-Richtlinien transparent zugänglich machen oder inzwischen als zusätzliches Marketinginstrument einsetzen. Daher sollte man als Veranstaltungsplaner davon überzeugt sein, dass gerade Tagungen und Events hervorragende Möglichkeiten bieten, um diese positive Grundeinstellung eines Unternehmens zu transportieren. Nur leider sieht die Realität anders aus, da vor der Organisation, Durchführung und Nachbereitung von Veranstaltungen der strategische Einkauf steht.

Blicken wir kurz zurück, wie es in der Vergangenheit unserer noch sehr jungen Branche aussah. Die Beauftragung von Veranstaltungsdienstleistern in Unternehmen oblag einem eher semiprofessionellen Planer, der keine Standards kannte und intransparent vorging. Das Internet gab es noch nicht bzw. wurde noch nicht genutzt, alle Prozesse liefen daher offline ab. Veranstaltungen waren weniger komplex und der Planer war verantwortlich für den Einkauf und die Organisation. Um das Jahr 2000 kam es zu vielen Veränderungen. So schaltete sich verstärkt die Einkaufsabteilung ein und entzog dem Planer die vollständige Selbstständigkeit. Man versuchte mit Unterstützung von neuen webbasierten Tools Struktur und Transparenz in die Prozesse zu bekommen und die auch heute bekannten Schlagwörter wie Steuerung, Volumenbündelung, Prozess- und Kostenoptimierung bestimmten das Geschehen. Es wurde versucht, Richtlinien und Standards einzuführen und es entwickelten sich Berufsbilder an Fachhochschulen für den Eventbereich sowie der Lehrberuf des/der Veranstaltungskaufmanns/frau.

Inzwischen sind unzählige Publikationen vorhanden, wie der strategische Veranstaltungseinkäufer vorzugehen hat und vieles davon ist zwingend notwendig. Die Forderung nach Veranstaltungsrichtlinien, die Überlegung „Make or Buy" und die Überprüfung der bereits benannten Möglichkeiten zur Kosten- und Prozessoptimierung gehören sicherlich inzwischen zur Grundausstattung eines Einkäufers. Dies hat jedoch auch zur Folge, dass für die Beauftragung von Leistungsträgern umfangreiche Leistungsverzeichnisse erstellt werden, die oftmals die wichtigsten Bestandteile einer professionellen Veranstaltungsorganisation nicht berücksichtigen. Tagungen, Seminare, Kongresse und Events leben von der Erfüllung der Erwartungshaltung der Teilnehmer und dem Erreichen der Zielsetzung des Veranstalters. Hierbei steht immer der Mensch im Mittelpunkt des Geschehens und somit müssen viele emotionale Kriterien in den Vordergrund gerückt werden.

Schon bei dem Versuch, einem Einkäufer zu erläutern, dass zum Beispiel die Buchung eines Fluges nicht mit der Buchung eines Tagungshotels oder einer Eventlocation verglichen werden kann, stößt meistens auf Unverständnis. Dabei ist es in diesem Beispiel doch schon offensichtlich, dass man je nach Veranstaltungsart auch die weichen Faktoren wie Design, Atmosphäre, Servicebereitschaft und -qualität des auszuwählenden Hauses einfließen lassen muss. Ob der Teilnehmer in einer Boeing oder in einem Airbus sitzt, wird im Gegensatz dazu eher kaum einen Einfluss für ihn haben. Das Fehlerpotential wird ebenfalls beim Einkauf von Veranstaltungsleistungen dadurch erhöht, dass eine lückenlose Kommunikation mit einer größeren Anzahl an Leistungsträgern hergestellt werden muss. Dies funktioniert nur mit persönlicher Betreuung, vorhandener Markt- und Veranstaltungskompetenz, permanenter Überprüfung der Qualität und für die Konzeptentwicklung ein hohes Maß an Kreativität. Und hierbei kommen wir an die Grenzen der Leistungsverzeichnisse. Aus eigener Erfahrung kann ich davon berichten, dass jüngst im Zuge einer Ausschreibung ein Unternehmen eine Quotierung von „8 Stück Kreativkonzept" gefordert hat, ohne die Möglichkeit mit der operativen Seite im Unternehmen Rücksprache zu nehmen. Auch die Qualität der Kompetenz und Servicebereitschaft ist nur schwer tabellarisch abbildbar. Nun muss man konstatieren, dass der Einkäufer im Unternehmen in den meisten Fällen nicht nur Eventleistungen einkauft, sondern ebenfalls auch klar definierbare Produkte wie Schrauben, Baustoffe, Maschinen und vieles mehr.

Nichtsdestotrotz hat sich diese Vorgehensweise in unserer Branche etabliert und viele Dienstleister im MICE-Markt sehen sich einem allgemeinen „Pitch-Wahnsinn" ausgeliefert, da Einkäufer in erster Linie an der Erreichung von Kosteneinsparungen gemessen werden. Auch in diesem Zusammenhang wundert es einen nicht, dass bekannte Veranstaltungseinkäufer von Unternehmen im Zuge eines Kongressvortrages ihren Kollegen raten, für eine Ausschreibung mindestens zehn Agenturen ins Boot zu nehmen – ohne Honorar versteht sich.

Was ist eigentlich aus den guten alten Werten wie Vertrauen, Ehrlichkeit und Partnerschaftlichkeit geworden? Warum agieren wir nur noch anonym miteinander, ohne die Möglichkeit eines persönlichen Wortes? Nun, dies liegt leider auch in dem Fehlverhalten der Leistungsträger in den letzten Jahren. Provisions- und Aufschlagmodelle in der Branche haben dafür gesorgt, dass man über Jahre versteckte Kosten den Unternehmen nicht transparent zugänglich gemacht hat, was nicht mehr mit den heutigen Anforderungen vereinbar ist. Solche Angebote führten dazu, dass Agenturen für die vollständige Durchführung von Veranstaltungen dem Buchenden am Ende über Kick-Back-Vereinbarungen Geld dafür bezahlten, für ihn professionell tätig geworden zu sein. Ein absurdes Vorgehen, was zur Konsequenz hat, dass Leistungsträger nach wie vor kein Selbstbewusstsein mehr besitzen, den Wert ihrer Leistungen zu argumentieren. Stattdessen arrangiert man sich mit dem Status Quo, denn beim nächsten Mal hat man vielleicht Glück, den Pitch zu gewinnen.

Bezugnehmend auf die eingehend genannte unternehmerische Verantwortung sollten wir diesen Prozess gemeinsam hinterfragen. CSR-Modelle von Unternehmen beinhalten neben Formulierungen zur ökonomischen und rechtlichen ebenfalls Angaben zur ethischen und philanthropischen Verantwortung. Oftmals beinhaltet dies die Beschreibung des fairen Umgangs mit Mitarbeitern und Dienstleistern sowie das gesellschaftliche Engagement über die allgemeine Erwartungshaltung hinaus. Unternehmen überprüfen im vorgelagerten Matrixverfahren, ob die eigenen Unternehmenswerte mit denen am Pitch beteiligten Unternehmen übereinstimmen. Merkwürdig jedoch nur, dass dies im Prozess der Quotierung oftmals keine Rolle mehr spielt. Fragen wir beispielsweise Vertreter von Leistungsträgern, so wird uns berichtet, dass eine Vielzahl von Angaben hinsichtlich der ökologischen Nachhaltigkeit gefordert wird, dies jedoch in der Preisverhandlung keine Berücksichtigung mehr findet. Dabei wäre es doch in diesem Prozess so einfach, der selbst auferlegten ökologischen Verantwortung gerecht zu werden. Auch stellt sich die Frage, ob die Selbstverständlichkeit der Forderungen nach Vorleistungen im Zuge des Pitch vereinbar ist mit der Bezeichnung „fairer Umgang". Darüber hinaus sollte jedem Einkäufer bewusst werden, dass die Einbindung von Dienstleistern auch die Effizienz der Fachabteilungen im Unternehmen erhöht und nicht nur an den abgegebenen Zahlen im Angebot dargestellt werden kann. Eine Messbarkeit der benötigten weichen Faktoren ist nach wie vor schwer abbildbar.

Nur wie sollen beide Seiten mit diesem Dilemma umgehen?

Erste Entwicklungen in den Unternehmen zeigen, dass man verstanden hat, dass die Beauftragung von Leistungsträgern nicht ausschließlich in der Verantwortung des Einkaufes liegen kann. Zunehmend werden die operativen Mitarbeiter im Unternehmen in den Ausschreibungsprozess eingebunden und ihre Empfehlungen berücksichtigt. Dies ist sicherlich ein erster guter Ansatz, um Entscheidungsprozesse zu hinterfragen und zu bewerten.

Darüber hinaus sollten wir wegkommen von der projektbezogenen Pitch-Kultur, stattdessen auf bevorzugte Leistungsträger oder Rahmenvertragspartner zusteuern. Die Auswahl dieser Partner muss im Einklang mit den selbst auferlegten Unternehmenswerten stehen. Dies wird man jedoch nicht ausschließlich über eine tabellarische Abfrage einschätzen können. Wir sollten uns klar darüber werden, dass im Veranstaltungssektor immer der Mensch im Vordergrund steht; daher muss man auch bei den Leistungsträgern auf verlässliche Partner des Vertrauens zurückgreifen können.

Wenn wir es schaffen, in einem ehrlichen und offenen Umgang miteinander und basierend auf der eigenen Werteorientierung zusammenzuarbeiten, dann werden die Ergebnisse dieser Arbeit von Erfolg gekrönt sein. Dazu benötigen wir jedoch auch eine Rückbesinnung und Wertschätzung auf Vorgehensweisen, die uns in der digitalen Welt manchmal verloren gehen. Neue Prozesse und Tools sollten nicht ihrer selbst wegen eingeführt werden, sondern nur dort, wo sie sinnvoll sind und zu einer wirklichen Verbesserung führen.

Bei genauer Überlegung, was uns gemeinsam zum Erfolg von professionellen und hochwertigen Veranstaltungen führt, werden wir feststellen, dass Handlungen basierend auf der Übertragungslinie von Werten bisher einen guten Dienst erwiesen haben. Daher lassen Sie uns auch in der Zukunft diese Qualitäten mitnehmen – die Branche wird es uns danken.

15   Eine kurze Polemik über den Wert „Spaß"

von Deed Knerr

Seit 28 Jahren haben meine Kollegen und ich, und damit meine ich nicht nur das knerr.event.theater sondern alle, die bei Veranstaltungen ihren Unterhaltungsbeitrag leisten, mit Theater die Menschen bei Veranstaltungen zum Lachen gebracht, Emotionen hervorgerufen.

Wir haben ihnen Spaß bereitet.

Dennoch sind viele von ihnen entnervt nach Hause gegangen. Warum? Weil wir nur ein singulärer Moment waren. Der Spaß, den sie mit uns hatten, wurde schnell wieder überlagert, weil er im Rest der Veranstaltung nicht wiederzufinden war.

Wir, die Akteure des knerr.event.theater, treten bei Veranstaltungen aller Art auf, z.B. auf Messen, um Menschen auf den Stand zu holen oder sie davon abzuhalten, ihn zu betreten, oder, was sich dann oft als ein willkommener Nebeneffekt einstellt, damit auch die Standbesatzung etwas zu lachen hat.

Wir überraschen und beleben in Tagungen oder Galas und wir tun das mit einfachen, menschlichen Ausdrucksformen. Wir arbeiten Inhalte so aus, dass es Spaß macht, sie einmal auf diese Weise vorgetragen zu bekommen.

In unseren komischen realistischen Charakteren spielen wir von Angesicht zu Angesicht mit den Menschen und kommunizieren so mit ihnen. Auf diese Weise haben wir für Menschen aus allen Schichten – sowohl im Brauereilager als auch in der Villa hoch über Nizza – gespielt.

Dadurch, dass unsere Figuren so unmittelbar in Kontakt mit den Menschen kommen, hören wir allerlei. Wir sind mittendrin und geschult darin zuzuhören und darauf spontan als Komiker zu reagieren. Wir haben oft Dinge gehört, die ein Agenturmitarbeiter nicht hört, denn in den meisten Fällen sprechen diese mit den Auftraggebern und bekommen ein ganz anders geartetes Feedback, als wir von den Teilnehmern zu hören bekommen. Denn auch die Veranstalter hören ja nicht immer das, was die Teilnehmer wirklich untereinander sprechen.

Nun zur Polemik:

Was mich immer wieder schockt, ist, dass Agenturen mit hohem ideellem Aufwand, mit Emotionen, mit Manpower, an Konzepte herangehen, mit großen Kosten neue Ziele für z.B. Incentivereisen suchen, und dann vor Ort nichts anderes passiert, als dass die Teilnehmer Autorallyes (die Vehikel sind austauschbar), Jeep-Safaris oder andere Outdoor-Aktivitäten machen, die man im eigenen Land genauso veranstalten könnte. Und dann ganz am Schluss fällt jemandem ein: „Oh, wir brauchen auch noch etwas für die Unterhaltung, den Spaß".

Gelegenheiten, aus so einer Reise ein wirkliches Erlebnis, einen Genuss zu machen, den Teilnehmern Spaß zu bereiten, werden nicht erkannt und demnach auch nicht umgesetzt. Dass Teilnehmer solcher Reisen manchmal selbst Ideen haben, was sie da oder dort gerne gemacht hätten, was ihnen Spaß gemacht hätte, wenn nicht... (und in diesem Zusammenhang meine ich mit „Spaßhaben" nicht irgendwelches alkoholtrunkenes Über-die-Stränge-Schlagen). Da sitzen dann Teilnehmer auf der Terrasse einer wunderschönen Location, mit viel Einsatz auf einer Vorabreise ausgesucht, teuer und auch durchaus exklusiv, mit Blick meinetwegen auf das Mittelmeer, nach einem herrlichen Essen und haben nichts Besseres zu tun, als sich darüber zu unterhalten, wie gut es beim letzten Mal auf der anderen Reise nach X war.

Solche Aussagen kann man positiv so bewerten, dass die letzte Veranstaltung eben einen guten Eindruck hinterlassen hat. Ich empfinde es nicht so, denn ich frage mich: wo bleibt denn das gerade jetzt Erlebte? Was hat eine Agentur, ein Planer versäumt in das Konzept mit einzubeziehen?

Ich frage mich auch, hört eigentlich jemand hin, was Teilnehmer wollen könnten? Fragt sich eigentlich jemand, wie sich ein Teilnehmer fühlt, der z.B. morgens um fünf Uhr losfährt, um bis neun Uhr am Tagungsort zu sein, dann hektisch sein Namenschild abholt, schnell einen Happen und einen (oft grässlichen) Hotelkaffee zu sich nimmt, schnell andere Kollegen begrüßt und sich dann stundenlang trockene Vorträge der Geschäftsleitung anhören muss?

Warum muss ein Social Event am Abend sein? Warum nicht einmal ein gemeinsames Frühstück einnehmen, bis alle angekommen sind?

Zur Ruhe gekommen, sich ausgetauscht haben und aufnahmebereit sind? Ich kann mir nicht vorstellen, dass so etwas nicht schon gemacht worden ist, aber ich habe es noch kein einziges Mal erlebt.

Ich frage mich, ob sich die Veranstaltungsbranche in einer sich selbst wiederholenden und sich selbst übertreffen wollenden Spirale befindet. Ob jemand von Veranstalter- und Agenturseite den Mut hat, das eigene Tun neu zu überdenken. Heute nach dieser langen Zeit in der MICE-Welt bin ich erschüttert darüber, dass sich strukturell nichts geändert hat. Der Aufwand wird größer, es wird schöner gestaltet, der Umweltgedanke macht sich (mit Recht) breit.

Das Schema jedoch, nach dem Veranstaltungen ablaufen, ist heute immer noch das gleiche wie vor 25 Jahren. Nur dass Budgets härter verhandelt werden müssen, was nicht so viel Spaß macht. Ein kleines Bespiel: Wir sprachen bei einem unserer Kunden das Thema Ehrungen an und machten einen Vorschlag, diese einmal lebendiger, fröhlicher und trotzdem zeremoniell zu inszenieren. Die Antwort war: „Schöne Idee, aber wir müssen das so machen. Unser Chef macht das schon seit zwanzig Jahren so und so soll das bleiben!"

Was mich als Komiker, als Menschen, der anderen Spaß bereiten möchte und durchaus kann, gerade hier die kritische Frage stellen lässt: Ist es den Veranstaltenden egal, ob Teilnehmer bei ihren Veranstaltungen Spaß haben – auch wenn es nur eine Vertriebstagung ist?

Es ist mit einfachen, kostengünstigen Mitteln möglich, eine Veranstaltung so zu inszenieren, dass Teilnehmer überrascht und mit Spaß mitgenommen werden, in dem man sich einmal überlegt, Routineabläufe zu brechen. Das anders zu gestalten, was schon bei der Einladung in den Köpfen vorgeht. Denn seien wir ehrlich, vielen vergeht der Spaß doch schon, wenn sie wissen, sie müssen wieder zu einer Veranstaltung.

Spaß an einer Veranstaltung zu haben, zu der ich gehen muss, fängt schon damit an, wie ich dazu eingeladen werde.

Agenturen, die Planer in den Eventabteilungen sollten, meiner leider unmaßgeblichen Meinung nach, einen Perspektivwechsel vornehmen, sollten nicht nur die Wünsche ihres externen oder internen Kunden berücksichtigen, sondern ihn dahingehend beraten, sich in die Menschen hineinzuversetzen, die ihre Veranstaltung in der Realität erleben „müssen" – und ihren Kunden wiederum dahingehend steuern, diese neue Perspektive zu akzeptieren.

Spaß als Wert bei Veranstaltungen bedeutet für mich – im Zusammenhang mit der MICE-Branche – mehr als gemeinsames Trommeln, opulentes Essen oder Unterhaltungselemente zu inszenieren, mehr als ein paar Minuten guter Unterhaltung. Das verpufft schneller als ein Akteur braucht, um dieses Gefühl bei einem Teilnehmer zu erzeugen.

Spaß muss ein durchgehendes (Stichwort: Nachhaltigkeit) Element sein.

Spaß in Veranstaltungen hineinzuinszenieren bedeutet für mich:

- schon bei der Planung eine Bottom-up Perspektive einzunehmen,
- die Wünsche der Teilnehmer vorher abzuklären,
- sich als Planer selbst in die Lage eines Teilnehmers zu versetzen,
- auf die Gefühle von Teilnehmern zu achten und sie in das Konzept mit einzubeziehen.

Spaß bedeutet für mich:

- zu erreichen, dass Teilnehmer nicht mit einem Gefühl wegfahren, ihre Zeit verplempert zu haben;
- zu erreichen, dass Teilnehmer nach Hause kommen und gerne davon erzählen, was sie erlebt haben;
- Tagungen zu lebendigen Tagen werden zu lassen;
- sie neu als „Social Gatherings" zu interpretieren, die reine Informationsvermittlung kann doch heute auf ganz anderen Wegen passieren.

Spaß bedeutet für mich auch, und in gewisser Weise vor allem anderen, Wert darauf zu legen, dass die Vortragenden des Kunden darin geschult werden, ihre Vorträge so zu halten, dass sie den Zuhörenden, bei aller Informationsvermittlung, eben Spaß bereiten. Das kostet Mut und das bedeutet manchmal auch Risiken einzugehen.

Ich habe in der letzten Zeit ein paar Veranstaltungen erlebt, die haben mir als Akteur Spaß gemacht, weil die Teilnehmer und die, die Veranstaltung organisiert haben, dort Spaß hatten.

Bei diesen Veranstaltungen war keine Agentur zwischengeschaltet, die hat die Eventabteilung des Unternehmens selbst inszeniert, mit relativ kleinem Budget, mit Bordmitteln für die Deko und mit den Geschäftsführern und Führungskräften als einem Teil der abendlichen Unterhaltung. Sicher, da war kein großer Glamour, keine Laserlightshow, kein Brimborium vorhanden. Es gab solides Essen, ausreichend, es gab eine schöne Abendlocation – und was es vor allem gab: ganz viel Miteinander, ganz viel Lachen über sich, mit den anderen, über das Unternehmen. Und trotzdem, oder vielleicht auch deswegen, wurde hart gearbeitet, wurde an Information einiges geboten. Viel Arbeit und dabei viel Spaß.

Spaß bedeutet für mich deswegen auch, in einer Zeit, in der die Budgets immer härter verhandelt werden müssen, daran zu denken, dass auch Teilnehmer sehr sensibel dafür geworden sind für „watt datt alles köst". Ich habe sehr oft gehört „Na das Geld hätten sie sich sparen und dafür bei meinem Gehalt etwas großzügiger sein können". Manchmal sieht man einfach zu deutlich, wie viel Geld für Oberflächliches ausgegeben wurde. Und Preise kann man heute schnell auch mal in etwa googeln, wenn z.B. ein Promi als Moderator engagiert wurde.

Spaß bedeutet für mich als Akteur in diesem Geschäft umzudenken. Warum müssen Menschen aus ganz Deutschland zu irgendeiner Location fahren, um langweiligen Präsentationen zu lauschen? Warum kann ein Geschäftsführer nicht nach X reisen? Dort wird ein guter Ort gesucht, an dem man sich austauschen kann und alle sind abends wieder zu Hause? Wäre das nicht auch noch dazu sehr „green"?

Bei den Schulen ist man davon abgekommen den Frontalunterricht weiterzuführen, warum sitzen immer noch so gut wie alle Tagungsteilnehmer in Reih und Glied?

Es gibt viele Elemente in der MICE-Welt, die auf den Prüfstand gestellt und daraufhin untersucht werden sollten, wie man sie unter dem Gesichtspunkt Spaß verändern könnte.

Bei Theaterinszenierungen gehen wir oft zuerst daran, den Schluss zu proben und zu entwickeln. Deswegen denke ich, auch für Veranstalter wäre es gut, schon beim Nachdenken über ein Konzept daran zu denken, mit welchem Gefühl sollen die Teilnehmer nach Hause gehen. Sich einmal zu fragen: Würde ich zu der Veranstaltung gehen wollen, die ich gerade plane?

Was können wir dafür tun, das „Wow, heute hat es aber Spaß gemacht!" einen nachhaltigen Eindruck hinterlassen wird?

Natürlich weiß ich auch, dass es niemandem gleich recht zu machen ist, dass etwas dem einen gefällt und ein anderer findet es langweilig und blöd, dennoch glaube ich, dass es möglich ist, eine Veranstaltung so zu inszenieren, dass dieser Wert „Spaß" als roter Faden den ganzen Tag belebt.

Deswegen bestehe ich auch darauf, ihn vermehrt als einen wichtigen Wert zu behandeln, der einfach nicht vernachlässigt werden darf und werde weiterhin das meine dazu tun, diesen Wert in der Praxis am Leben zu halten und für seine Wichtigkeit zu plädieren.

Autoren

Harry Gatterer ist Trendforscher, Geschäftsführer des Zukunftsinstituts und Experte für „New Living". Seine Domäne: Die Zukunft von Leben und Arbeit, neue Lebensstile und ihre Wirkung auf Gesellschaft, Unternehmen, Konsum und Freizeit. Er liefert praktisches Wissen und Prognosen mit Pfeffer. Jedenfalls pointiert, oft provokant, immer optimistisch. Dabei nutzt er das Design als Brücke zwischen Oberfläche und Kern: In beeindruckenden Bildern zeigt er, was gesellschaftlicher Wandel bewirkt und auslöst. Vorträge von Harry Gatterer sind multimediale Statements und inspirierende Ausblicke in die kommenden Jahre. Konkret, profund und spannend. Sein erstes Unternehmen gründete er bereits im Alter von 20 Jahren. Mit den Erfahrungen aus der unternehmerischen Praxis kam er über das Design zur Trendforschung. Von 2007 bis 2009 war er Vorsitzender der Jungen Wirtschaft Österreich, einer überparteilichen Interessensvertretung von mehr als 36.000 Jungunternehmer/innen. Seit dem 01.01.2010 ist Harry Gatterer Geschäftsführer des neu gegründeten Zukunftsinstituts Österreich, seit dem 01.01.2012 ist er auch Geschäftsführer des Zukunftsinstituts in Deutschland.

Stefan Luppold ist Professor für Betriebswirtschaftslehre mit Schwerpunkt „Messe-, Kongress- und Eventmanagement" an der Dualen Hochschule Baden-Württemberg (DHBW) in Ravensburg. Dort verantwortet er den gleichnamigen Studiengang. Vor seiner Berufung war er mehr als zwei Jahrzehnte in internationale Projekte der MICE-Industrie eingebunden. Er leitet das von ihm 2009 gegründete Institut für Messe-, Kongress- und Eventmanagement (IMKEM) und ist Herausgeber einer Fachbuchreihe, in der auch dieser Band erschienen ist. Daneben nimmt er regelmäßig Gastvorlesungen, unter anderem in Shanghai, wahr.

Hin zur Low Carbon Society engagiert sich **Stefan Baumeister**, der Geschäftsführer der myclimate Deutschland gGmbH, weltweit für den Klimaschutz durch Bildung, Beratung und Kompensation von Treibhausgasemissionen in hochwertigen Klimaschutzprojekten. Dies verfolgt myclimate als gemeinnützige Organisation wissenschaftsbasiert und wirtschaftsorientiert. Die internationale Initiative mit Schweizer

Wurzeln und deutscher Tochtergesellschaft mit Sitz in Reutlingen gehört weltweit zu den Qualitätsführern von CO_2-Kompensationsmaßnahmen. Die Kompensation der Emissionen erfolgt in derzeit rund 60 Klimaschutzprojekten in 27 Ländern. Dort werden Emissionen reduziert, indem fossile Energiequellen durch erneuerbare Energien ersetzt und energieeffiziente Technologien implementiert werden. myclimate-Klimaschutzprojekte erfüllen höchste Standards (Gold Standard), welche neben der Reduktion von Treibhausgasen nachweislich lokal und regional einen positiven Beitrag zur nachhaltigen Entwicklung leisten. Darüber hinaus sensibilisiert myclimate in diversen Klimabildungsprojekten zum Thema Klimawandel und Klimaschutz. Eine stark wachsende Nachfrage verzeichnet myclimate für ihre CO_2-Bilanzen (Lifecycle-Assessments) und Branchenlösungen (Druckerei, Hotels, Transport & Logistik, Gemeinden). 2012 feiert die Stiftung myclimate ihr 10-jähriges Jubiläum.

Kontakt

myclimate Deutschland gGmbH
Telefon: 07121-922350
Email: stefan.baumeister@myclimate.org

Markus F. Weidner, Autor, Unternehmer, Referent und Trainer ist der Experte, wenn es um das Thema „Freude an Qualität" geht. Seine Erfahrungen im Qualitäts-und Service-Management sammelte er in seiner langjährigen Tätigkeit in der Hotellerie, Veranstaltungswirtschaft und Weiterbildungsbranche. In Seminaren, Trainings und Vorträgen begeistert er die Teilnehmer für das Thema Servicequalität und Werte. Markus F. Weidner schafft es, seine Botschaften bildhaft, anschaulich und praxisorientiert zu vermitteln. Er ist ein Befürworter von Werteorientierung, klaren Regeln im Service und transparenter Führungskultur, getreu seinem Motto „Werte schaffen Werte". Zu seinen Kunden zählen Hotels, Veranstaltungszentren, Messegesellschaften, Kliniken und Handelsunternehmen. In seiner ehrenamtlichen Funktion als Vice President Education im MPI Germany Chapter, widmet er sich auch hier der Aus- und Weiterbildung von Fachleuten im Veranstaltungsbereich. MPI (Meeting Professionals International) ist der weltgrößte Verband der Veranstaltungsindustrie mit Sitz in Dallas, Texas. Die Mitglieder sind zu 50 % Anbieter von Dienstleistungen im Veranstaltungsbereich und zu 50 % Veranstaltungsplaner, die diese Leistungen einkaufen.

Kontakt
Qnigge® GmbH – Freude an Qualität
Markus Weidner
Geschäftsführender Gesellschafter
Am Hellenberg 15 b
61184 Karben
Telefon: +49 6039 48611-0
Fax: +49 6039 48611-10
Mobil: +49 172 6732445
E-Mail: mfw@qnigge.de
Internet: www.qnigge.de, www.mpi-germany.de

Peter Cramer ist Inhaber der Hamburger Agentur „Panem et Circenses – Kontor für Kommunikation". Die Agentur beschäftigt sich sehr intensiv mit der Synergie von Social Media und Event-Marketing und unterstützt Unternehmen mit zielgerichteten, maßgeschneiderten, analogen und digitalen Kommunikationsmaßnahmen. PeC – Kommunikation realisiert u.a. Leisure- und Business-Tourismus-Kampagnen für eine ganze Reihe von internationalen Destinationen, darunter mit Awards ausgezeichnete Maßnahmen. Die Agentur ist auf MICE-Marketing, Event-Beratung und -Konzeption, sowie Social Media Marketing spezialisiert.

2011 erschien von Peter Cramer das Fachbuch „Social Media & Event-Strategien für die Veranstaltungsplanung 2.0". Zu dem Thema hält Cramer Vorträge, gibt Seminare und Workshops, schreibt Fachbeiträge und Kolumnen und engagiert sich als Dozent für den Event-Nachwuchs.

Kontakt
Internet: www.pec-kommunikation.de

Peter Brandl, Unternehmer, Keynote-Speaker und Managementexperte, Berufspilot und Fluglehrer, gilt als einer der *erfolgreichsten Kommunikationsprofis* (ZEITmagazin). Seit über fast 20 Jahren gibt er sein Wissen in motivierenden Seminaren und mitreißenden Vorträgen weiter und erreicht damit mehrere tausend Zuhörer pro Jahr.
Sein Buch „Crash Kommunikation. Warum Piloten versagen und Manager Fehler machen" erschien im Gabal-Verlag. In der Verlags-Reihe *30 Minuten* erschien 2012 sein Buch „Verhandeln".

Kontakt
www.peterbrandl.com

Axel Kehl, geb. 1957, studierte Wirtschaftswissenschaften in Deutschland und USA mit Examen zum Dipl.-Volkswirt an der Universität Bonn. Nach Tätigkeiten im Sparkassensektor und in der genossenschaftlichen Bankengruppe als Mitarbeiter/Leiter im Bereich der Volkswirtschaft, Öffentlichkeitsarbeit, Vorstandsstab, Strategie übernahm Kehl die Leitung der VR-Media GmbH. Seit 1997 hat er den Vorsitz des Vorstandes der Akademie Deutscher Genossenschaften ADG inne. Kehl gehört zahlreichen Gremien der deutschen Genossenschaftsorganisation an wie z. B. dem Verbandsrat des Bundesverbandes der Deutschen Volksbanken und Raiffeisenbanken (BVR), des Deutschen Genossenschafts- und Raiffeisenverbandes (DGRV) und dem Präsidium des Deutschen Raiffeisenverbandes (DRV).

Kontakt
Diplom-Volkswirt Axel Kehl
Vorstandsvorsitzender der
Akademie Deutscher Genossenschaften ADG
Schloss Montabaur
56410 Montabaur

Walter Rotter ist Urheber und Erfinder der PQS-Erfolgsmethode. Als Charakterforscher, Buchautor, Mental- und Managementtrainer arbeitet er seit mehr als zwei Jahrzehnten erfolgreich.

Kontakt
Weitere Informationen über ihn und sein Unternehmen „Management- und Sport-Consulting" unter:
www.pqs-system.de oder per Email walter.rotter@pqs-system.de

Mit **Ute Jacobs** und **Thomas Brückner** leitet seit 1996 ein sehr erfolgreiches Geschäftsführungsteam das Estrel Hotel. Seit der Fertigstellung des Estrel Convention Centers (Estrel CC) im September 1999 sind sie die Geschäftsführenden Direktoren von Europas größten Hotel-, Kongress- & Entertainment-Komplex.

Ute Jacobs, Jahrgang 1962, ist aus der Berliner Hotelszene längst nicht mehr wegzudenken. Nach anfänglichem Germanistik- und Anglistikstudium machte die Berlinerin ihre Ausbildung zur Hotelfachfrau im

Hotel Schweizerhof Berlin und übernahm die Position der Verkaufsdirektorin, zunächst im Schweizerhof, danach im Hotel Intercontinental Berlin. 1990 wechselte sie als Marketingdirektorin ins Hotel Palace Berlin und damit in die Privathotellerie. Nach einem Ausflug ins Musical-Business 1994 setzte sie 1995 ihren Werdegang als Marketingdirektorin im Estrel Hotel fort. Seit dem 1. September 1996 teilt sich Ute Jacobs mit Thomas Brückner die Geschäftsführung des Estrel Berlin. Zu ihren Aufgabenschwerpunkten gehören die Abteilungen Sales, Marketing, Public Relations und Personal.

Thomas Brückner, Jahrgang 1965, ist ein Hotelier aus Leidenschaft. Der gebürtige Baden-Badener wuchs in Wiesbaden auf und absolvierte seine Ausbildung zum Hotelkaufmann im Hotel Sonnenhof in Königstein. Ein Jahr lang arbeitete er anschließend in der Küche des Steigenberger Inselhotels in Konstanz, danach folgten verschiedene Positionen im Bereich Food & Beverage sowie im Controlling des Hotel Intercontinental Frankfurt am Main. 1990 wurde er stellvertretender Kaufmännischer Direktor des Hotel Intercontinental Berlin. Ein Jahr später übernahm er die gleiche Position im Berliner Opernpalais, wo er ab 1994 als Geschäftsführer maßgeblich an der Umsetzung eines Gastronomiekonzeptes für sechs Restaurants beteiligt war. 1995 wechselte Brückner als Wirtschaftsdirektor ins Radisson SAS Berlin, bevor er dann zum 1. September 1996 als Direktor an der Seite von Ute Jacobs die Geschäftsführung im Estrel Hotel übernahm. In diesem gemeinschaftlichen Führungsteam kümmert er sich vornehmlich um die Abteilungen Controlling und Food & Beverage.

Stefan Blass ist ausgebildeter Informatiker und bringt seine fundierten Branchenkenntnisse seit sechs Jahren als Vertriebsleiter bei up2date solutions ein. Das Systemhaus für Veranstaltungsmanagement ist auf die Entwicklung maßgeschneiderter Software spezialisiert. Im Fokus liegt dabei die Eventbranche mit technischen Lösungen im Bereich der Veranstaltungsverwaltung. Dies schließt Applikationen für Event- und Trainings-Management sowie Seminar-Verwaltung ein. Wichtig ist dem up2date solutions Team dabei die Berücksichtigung tradierter und moderner Werte der betreuten Unternehmen. So unterstützt up2date solutions alljährlich das Event „Werte 2.0" und bringt sich aktiv in die Diskussion um die Wertewelt der Veranstaltungsbranche ein. Zudem greift up2date solutions Trends der Branche auf und versteht sich darüber hinaus als Innovationstreiber. Jüngstes Beispiel dafür ist die Entwicklung des Teilnehmer-Managements-Systems „Green TMS" als erstes und bislang einzigartiges Tool, das es ermöglicht, sämtliche CO_2-Emissionen einer Veranstaltung zu bilanzieren, zu reduzieren und zu kompensieren.

Kontakt
Weitere Informationen sind abrufbar unter:
www.up2date-solutions.de.

Oliver Graue ist seit 2006 Chefredakteur des Geschäftsreise- und Veranstaltungsfachmagazins BizTravel. Zuvor war er bei verschiedenen Tageszeitungen und Rundfunksendern als Redakteur tätig. Graue wurde 1967 in Leverkusen geboren, seine Ausbildung absolvierte er an der Deutschen Journalistenschule in München. An der Ludwig-Maximilians-Universität München studierte er Diplom-Journalistik. Die Zeitschrift BizTravel erscheint sechsmal jährlich in der Hamburger FVW-Mediengruppe und richtet sich an Travel-Manager und Veranstaltungsplaner.

Wolfgang Weiss ist Diplom-Betriebswirt in Tourismus (FH Kempten). Seit den neunziger Jahren ist er in der Organisation von Sport- und Firmenveranstaltungen tätig. Seit über zehn Jahren arbeitet er vom Standort Mallorca aus. Seit dem Jahr 2006 ist er Teilhaber der Sport- und Eventagentur Unics (www.unics.es). Im Moment lässt er sich zum Trainer und Prozessbegleiter weiterbilden und ist stellvertretender Geschäftsführer der Veranstaltungsagentur „open2enterprise" im Allgäu.

Heike Mahmoud, CMP Als Prokuristin der Berlin Tourismus & Kongress GmbH (visitBerlin) und Director Conventions leitet Heike Mahmoud das visitBerlin Berlin Convention Office seit über 11 Jahren. Ihre Aufgabe ist es, zusammen mit einem engagierten Team, die Metropole Berlin national und international als eine der führenden Kongress-, Tagungs- und Incentive-Destinationen weltweit zu positionieren und zu vermarkten. Die deutsche Hauptstadt zählt derzeit weltweit zu den TOP 5 Destinationen, wenn es um internationale Verbandskongresse geht (lt. ICCA-Statistik der International Congress and Convention Association).

Sie verfügt über zwei Studienabschlüssen in BWL und Marketing. Ihre berufliche Laufbahn in der Meeting-Industrie begann vor 20 Jahren. Heike Mahmoud hat seitdem unterschiedliche Positionen im Sales- und Marketing-Bereich inne – Messeveranstalter, Professional Congress Organizer (PCO), internationale Kongresshotellerie. Sie verfügt über einschlägige Erfahrungen im internationalen Veranstalterbereich von Tagungen, Kongressen, Messen und Incentives. In ihrer jetzigen Position hat sie ein enges Netzwerk aller Partner der Kongress- und Eventbranche aufgebaut, um Berlin für die Zukunft zu positionieren.

Heike Mahmoud engagiert sich seit vielen Jahren als Certified Meeting Professional (CMP) in internationalen Fachverbänden der Kongress- und Incentive-Branche, um der Meeting-Industrie einen festen Platz in der Wirtschaft einzuräumen. Sie ist Vice President Meetings Industry von European Cities Marketing (ECM), Past President des Germany Chapters von Meeting Professionals International (MPI), ehemaliges Mitglied des CMP International Committee des Convention Industry Council (CIC) und des Germany Chapters von Site – Society of Incentive & Travel Executives.

Kontakt
visitBerlin Berlin Convention Office
Heike Mahmoud, CMP
Director Conventions
Tel: +49-30-264748 490
e-mail: heike.mahmoud@visitBerlin.de
Internet: www.convention.visitBerlin.de

Bernd Fritzges, geb. 1977, ist seit September 2008 als Key Account und Solutions-Manager bei intergerma tätig. Verschiedene berufliche Stationen brachten ihn, immer in leitender Funktion, in alle Themenbereiche der MICE-Branche, darunter Erlebnisgastronomie und Kongressmanagement. Mit dem Wechsel zu intergerma im September 2008 übernahm er die fachliche und vertriebliche Führung vom Tagungs-Service by intergerma, seit 2010 intergerma solutions, wo alle organisatorischen Dienstleistungen zur Veranstaltungsbetreuung zusammengeführt werden. Durch das Einbringen der vielseitigen Erfahrungen von Bernd Fritzges und die kontinuierliche Weiterentwicklung dieses Geschäftsbereiches zählen nicht nur mehr die Vermittlung von

Tagungshotels, sondern auch Leistungen wie Projekt-Management, Teilnehmer-Management, Erarbeitung von Event-Konzepten, Schaffung von Event-Infrastrukturen, Entertainment, Green-Meetings und die Entwicklung von neuen MICE-Tools zu den Kernkompetenzen von intergerma solutions.

Deed Knerr ist seit 30 Jahren Theatermacher. Seine Wurzeln liegen im Living Theatre. Er hat vor 27 Jahren sein erstes freies Theater gegründet, das sich in der Eventbranche und bei Unternehmen einen Namen machte (Scharlatan Theater). Mit seiner zweiten Truppe, dem knerr.event.theater, legt er wieder verstärkt das Gewicht auf spontane und überraschende Theateraktionen, um Kongresse, Tagungen etc. zu beleben. In dieser Truppe ist er auch weiterhin kreativer Kopf, Coach, Regisseur und immer noch Hauptakteur. Detaillierte Recherchen, realistische Figuren, kreative Umsetzung von Themen führen im Endeffekt zu guter und niveauvoller Unterhaltung. Sein Credo ist: Ohne einmal über ein ernstes Thema intensiv gelacht zu haben, kann ich es nicht verstehen.

Schriftenreihe Messe-, Kongress- und Eventmanagement

In dieser Reihe veröffentlichte Titel:

Carmen Nörpel, Johann W. Wagner

Destination Branding durch Public Events

2013, 152 S., mit zahlr. Farbabbildungen,
€ 28,00 ISBN 978-3-89673-637-6

Das Buch beschreibt die Rahmenbedingungen dieser meist kommunalen Veranstaltungen und zeigt Möglichkeiten auf, Public Events zur Positionierung von Destinationen nutzbar zu machen. Im ersten Teil führt Carmen Nörpel anhand von theoretischen Grundlagen in das Thema Public Events als Instrument des Destination Branding ein. Im zweiten und praxisorientierten Teil verfolgt Johann W. Wagner das Thema am Beispiel der Tourismus-Region Lübeck-Travemünde weiter und beschreibt, wie sich die Public Events zum wichtigen Marketing-Instrument einer Kommune entwickelt haben.

Jörn Raith

Dienstleistungs-Management in Veranstaltungszentren
Vom Raumvermieter zum Inhouse-PCO

2012, 176 S., mit zahlr. Farbabbildungen,
€ 28,00 ISBN 978-3-89673-628-4

Jörn Raith plädiert für ein umfangreiches Dienstleistungs-Management und begründet dies mit entsprechenden Marktforschungs-Studien, aber auch, um die Finanzierung von Veranstaltungshäusern nachhaltig zu stärken. Der Autor, selbst seit 30 Jahren in der Veranstaltungsbranche aktiv, geht auf unterschiedliche Themen mit besonderer Bedeutung für die Kongress und Veranstaltungszentren ein. Begrifflichkeiten wie Umwegrentabilität, Deckungsbeitragsrechnung, Controlling, Kompetenz-Management und Dienstleistungs-Marketing werden dabei genauso behandelt wie die Bedeutung der unterschiedlichen Veranstaltungshäuser, die im Wettbewerb um den attraktiven MICE-Kunden stehen. Ein eigenes Kapitel hat der Autor den Rechtsfragen im Veranstaltungsmanagement eingeräumt, für das er degefest-Verbandsanwalt Martin Leber gewinnen konnte. Darüber hinaus haben bekannte Akteure im MICE-Markt Gastbeiträge zu wichtigen Themen verfasst.

Stefan Luppold (Hrsg.)

Erfolgsfaktor Kommunikation bei Messeauftritten

2013, 176 S., mit zahlr. Farbabbildungen,
€ 28,00 ISBN 978-3-89673-636-9

Experten aus den verschiedenen relevanten Bereichen – vom expliziten Messe-Management bis hin zu Social Media und Virtual Events – beschreiben in diesem Sammelband die Dimensionen der Kommunikation bei Messe-Auftritten und wie diese wirkungsvoll ausgebildet werden können. Von der Öffentlichkeits-Arbeit als Wirkungsverstärker bis hin zu multisensualen Erlebnissen, von vor- und nachgelagerten hybriden Komponenten bis hin zu Edutainment am Messestand – dieses Fachbuch gibt Anregungen und Hilfestellungen für alle, die Kommunikation bei Messe-Auftritten erfolgreich gestalten wollen.

Andreas Balzer

SPRUNG-STEINE
Stressmanagement für Dauer-Lächler und Service-Asse

2012, 156 S., mit zahlr. Farbabbildungen,
€ 19,80 ISBN 978-3-89673-622-2

In der Dienstleistungsbranche ist der Mensch wesentlicher Teil der Leistungserstellung. Das trifft im Besonderen für die Veranstaltungsbranche zu, wo Dauer-Lächler und Service-Asse die Fäden in der Hand halten und den Ton angeben. Dabei wissen alle, dass die Arbeit in diesem jungen Berufsfeld unangenehme Nebenwirkungen mit sich bringt, die von Anspannung und Überarbeitung bis hin zu Stress und Burnout reichen. Damit Eventmanager, Veranstaltungskaufleute und Angehörige der Veranstaltungswirtschaft davon nicht unvorbereitet überrascht werden, entwickelt der Autor ein auf seine spezielle Zielgruppe hin maßgeschneidertes Konzept. Er legt Sprung-Steine aus, bietet Start- und Landeplätze an, mit deren Hilfe Sie den Umgang mit herausfordernden Situationen lernen können. Dazu eine pfiffige Gebrauchsanleitung für die Umsetzung im Alltag.

Gerhard Bleile, Cornelius Philipp Blei

Veranstaltungsrichtlinien
Voraussetzungen für erfolgreiche Events

2013, 2., überarb. Aufl., 112 S., mit zahlr.
Farbabb.; € 28,00 ISBN 978-3-89673-638-3

Der Inhalt dieses Buches widmet sich sowohl
den theoretischen Grundlagen und Notwendig-
keiten von Veranstaltungsrichtlinien als auch der
praktischen Handhabung, bis hin zu den wichtigsten Schritten bei der Einführung und Umsetzung
im Unternehmen. Veranstaltungsrichtlinien werden in diesem Zusammenhang auch als die Basis
für ein konfliktfreies, zielführendes und damit
erfolgreiches Arbeiten im Veranstaltungsmanagement betrachtet.

Julia Behrens

Social Media
im Destinationsmarketing
Planung • Umsetzung • Monitoring

2012, 126 S., mit zahlr. Farbabbildungen,
€ 28,00 ISBN 978-3-89673-618-5

Wie wichtig die Nutzung von Social Media im
Tourismus ist, wird in diesem Buch auf verständ-
liche Weise aufgezeigt. Neben einer Einführung
in die zur Verfügung stehenden Dienste und
einem Blick auf das strategische Vorgehen bei
der Planung stellen praxisorientierte Beispiele
einen Bezug zu möglichen, aufkommenden Fragestellungen her und bieten Denkanstöße für die
eigene Umsetzung.

Stefan Luppold (Hrsg.)

Event-Marketing:
Trends und Entwicklungen

2011, 168 S., mit zahlr. Farbabbildungen,
€ 28,00 ISBN 978-3-89673-589-8

16 Experten aus Wirtschaft, Agentur und Forschung beschreiben in diesem Sammelband
Trends und Entwicklungen, die uns heute und in
der Zukunft beschäftigen werden. Globale Live-
Kommunikation und kreative Verantwortung,
Markeninszenierung im Raum und Storytelling:
dieses Fachbuch gibt komprimiert und aus verschiedenen Perspektiven Einblicke in wichtige
Themenfelder des Event-Marketing und dessen
zukünftiger Ausgestaltung.

Frank Billet, Tobias W. Lienhard

Innovative Controllingkonzepte
für Veranstaltungszentren

2011, 206 S., mit zahlr. Farbabbildungen,
€ 28,00 ISBN 978-3-89673-590-4

Veranstaltungszentren müssen nach betriebswirt-
schaftlichen Gesichtspunkten bewertet, geführt
und permanent auf neue Marktanforderungen
ausgerichtet werden. Ein flexibles und modulares
Modell zum Aufbau innovativer Controlling-
systeme, auf Grundlage eines Portfolios von
Controllinginstrumenten, kann zu einem ganz-
heitlichen, auf die individuellen Fragestellungen
des jeweiligen Veranstaltungszentrums zuge-
schnittenen, Konzept kombiniert werden. Die
zielgerichtete und wirtschaftliche Ausgestaltung
der Informationssysteme bildet dabei einen strategischen Erfolgsfaktor bei der Umsetzung.

Carol Adam, Stefan Luppold

Event-Marketing
im Customer Relationship Management

2011, 102 S., mit zahlr. Farbabbildungen,
€ 28,00 ISBN 978-3-89673-501-0

Wie schaffe ich Kundenbindung? Der starke
Wettbewerb und die zunehmende Austausch-
barkeit von Produkten vermindern die Wirkung
traditioneller Kundenbindungsmaßnahmen.
Dieses Buch zeigt den Nutzen und die Effizienz
von Marketing-Events analytisch auf. Durch den
gezielten Einsatz von Kundenveranstaltungen kann
eine tiefe Verbundenheit geschaffen werden.

Florian Bernard, Stefan Luppold

Mobile Marketing für Messen
Integrierte Kommunikation im
Messemarketing der Aussteller

2010, 128 S., mit zahlr. Farbabbildungen,
€ 28,00 ISBN 978-3-89673-500-3

Innovative multimediale Dienste und die flä-
chendeckende Verfügbarkeit von mobilen Gerä-
ten erweitern die Kommunikationskanäle generell. Das vorliegende Buch widmet sich diesen
neuen Möglichkeiten und betrachtet sie mit dem
Fokus auf die Messeaussteller.

MIX
Papier aus verantwortungsvollen Quellen
Paper from responsible sources
FSC® C105338

Printed by Libri Plureos GmbH
in Hamburg, Germany